Gabriela Vetter
Ich freue mich, daß ich bin

Von Gabriela Vetter sind im Oesch Verlag
folgende Titel lieferbar:

Seele unter Eis
*Ein Selbsthilfebuch für Depressive, Resignierte
und ihre Angehörigen*

Krebs und Seele
Anleitung zur Hilfe und Selbsthilfe

Durchbruch zum Leben
Probleme ehrlich anpacken

Gabriela Vetter

Ich freue mich, daß ich bin

Das Jahr der Freude und
des Vertrauens

Mit 30 Zeichnungen von
Annemie Lieder-Vetter

Oesch Verlag

Ich danke meiner Mutter und Dr. Mathias Zimmermann,
welche durch ihre Impulse und Anregungen wesentlich zur Entstehung
dieses Buches beigetragen haben.

Die Deutsche Bibliothek — CIP-Einheitsaufnahme

Vetter, Gabriela:
Ich freue mich, dass ich bin : das Jahr der Freude
und des Vertrauens / Gabriela Vetter. —
Zürich : Oesch, 1992
ISBN 3-85833-423-5

Alle Rechte vorbehalten
Nachdruck in jeder Form sowie die Wiedergabe
durch Fernsehen, Rundfunk, Film, Bild- und Tonträger
oder Benützung für Vorträge, auch auszugsweise,
nur mit Genehmigung des Verlages

© 1992 by Oesch Verlag AG, Zürich

Schutzumschlag: Heinz von Arx, Zürich
unter Verwendung zweier Aquarelle
von Annemie Lieder-Vetter
Satz: Typobauer, Ostfildern
Druck und Bindung: Offizin Andersen Nexö, Leipzig
Printed in Germany

ISBN 3-85833-423-5

Den Menschen,
die ich ein Stück auf ihrem Weg
begleiten darf...

Inhalt

Einführung 11
Sternklar 15
Das Wort »Halt« — und seine (un)heimlichen
Tücken 16

Das Jahr der Freude und des Vertrauens
Ein Tagebuch

24. Juni	Mit Düften durchs Jahr 21
25. Juni	Unbegründete Kraftlosigkeit und Ausgeliefertsein an den Körper 23
28. Juni	Angenehmes ist zu selbstverständlich 25
29. Juni	Erkennen kann schmerzen, doch ... 26
9. Juli	In Arbeit verbissen 27
15. Juli	»Nur nicht werden wie ...« 29
30. Juli	Loslassen? Oder zuviel zulassen? 31
1. August	Vermeiden von Stau und Trennung von Überholtem 33
8. August	Wirkung der Witterung auf die Psyche 35
9. August	»Dem Frieden zuliebe ...« 37
12. August	Entspannung im Ruhezustand? 39
21. August	Der Bezug zu Farben im Alltag 41
23. August	Vernachlässigung seiner selbst macht abhängig von der Liebe der Umgebung 43

28. August	»Nie mehr«... Wie reagieren?	45
3. September	Gefühle sind nicht gefragt	47
10. September	Ich möchte mich in eine Höhle verkriechen	50
20. September	Sinnentleert	55
21. September	Traumatische Erlebnisse Aufrechterhaltung des hilflosen Kinder-Ich	58
15. Oktober	Negativen Verpflichtungen positive Gegenpole setzen	61
22. Oktober	Wenn das Wörtchen »wenn« nicht wär'...	63
23. Oktober	Selbstbewußtsein? Selbstgefälligkeit?	67
24. Oktober	Selbstbewußtsein hat man nicht – man lebt es	71
26. Oktober	Wohltuendes aus Bequemlichkeit unterlassen	75
1. November	Woher in der Trauer Kraft holen?	77
10. November	Wenn man trotzdem lacht	81
14. November	Psychischer Wandel muß nicht entzweien	84
20. November	Besänftigen statt auflehnen	86
28. November	Eigentlich ist er/sie anders	89
30. November	Jahreszeitendepression	90
8. Dezember	Angeeigneter Pessimismus	92
13. Dezember	Dinge in sich hineinfressen	94
20. Dezember	»Man sieht nur mit dem Herzen gut«	95
28. Dezember	Die komplizierte Nordländermentalität	97
29. Dezember	Schwarzsehen als Folge depressiver Erschöpfung	98
30. Dezember	Allein reisen	99
3. Januar	Fragen, loswerden – statt ohnmächtiger Rachedurst	101
10. Januar	Ich habe es ja nicht so gemeint	103
15. Januar	Wann bin *ich* von Interesse?	106
18. Januar	Von Kleinigkeiten in Beschlag genommen	109

20. Januar	Durch Überanpassung sich selbst entfremdet 111
27. Januar	Raum für Funkstille in der Freundschaft 113
10. Februar	Krank sein, um zur Besinnung zu kommen? 116
20. Februar	Durch Verdrängen an Angst ausgeliefert 118
24. Februar	Überholte Meinungsstruktur hemmt nach alter Gewohnheit 120
28. Februar	Unerwartete Lichter in der Dunkelheit 122
5. März	Streng zu sich im aufmunternden Sinne statt abhängig von Zuwendung 123
6. März	Tägliche Achtsamkeit zwischen dem Du und dem Ich 125
20. März	Zeit zur Stärkung nach Schmerz 125
23. März	Bei Leidvollem selbst für sich sorgen 127
28. März	Offen bleiben – unerwartete Freuden werden Realität 128
5. April	Die Macht der Gewohnheit im psychischen Prozeß 129
10. April	Kritik wirft mich aus der Bahn 131
17. April	Am überholten Bild festhalten 132
30. April	Schmerz annehmen – sich positiv zureden 135
3. Mai	Fixierung auf Äußeres verunmöglicht die Persönlichkeitsentwicklung 137
10. Mai	Sehen, was ich habe 139
18. Mai	Das Gefühl der Auslieferung dehnt sich aus 141
23. Mai	Überall beliebt, doch daheim tyrannisch 142
27. Mai	Panik bei Todesgedanken – doch Trauern unerwünscht 144
1. Juni	Minderwertigkeitsgefühl 145

4. Juni	»Es gibt mehr Dinge zwischen Himmel und Erde...« 148
6. Juni	Zuviel Aktivitäten stören die Wahrnehmung 150
7. Juni	Wie verbringe ich den Tag mit einem Schussel – mit mir? 152
8. Juni	Steter Tropfen höhlt den Stein 153
10. Juni	Fremdling in der eigenen Haut 154
14. Juni	Ich (er/sie) will beide Liebespartner 156
15. Juni	Ich fühle mich wie ein Idiot, wenn ich an meine Vergangenheit denke 159
17. Juni	Für sich selber dasein 160
18. Juni	Das Rätsel der Schmerzempfindung 162
20. Juni	Carpe diem – pflücke den Tag 163
21. Juni	Angst vor eigener Maßlosigkeit 164
22. Juni	Platzangst und der Wunsch, alles in den Griff zu kriegen 166
23. Juni	Ich passe mein Befinden den Äußerungen des Gesprächspartners an – wieso? 167
24. Juni	Einstellung ist immer zu ändern 168

Praktische Übungen 171
Düfte als Wohltäter für unsere Seele 177
Literaturhinweise 181

Einführung

Dieses neue Buch handelt von jenen verdeckten Stellen auf unserem Weg, auf denen wir aus lauter Unachtsamkeit ausrutschen können. Es sind nicht die großen Konflikte, sondern die fast zur Gewohnheit gewordenen latenten Probleme, die jetzt zur Sprache kommen. Viele von uns sind damit belastet und irren planlos und verloren durch die Straßen des Lebens oder warten ... Sie lassen die Ereignisse an sich herankommen — unbeteiligt sozusagen —, während sie auf glücklichere Zeiten hoffen.

Ich habe das Buch als Tagebuch gestaltet, um möglichst viele der möglichen Ausrutscher aufzuzeigen. Damit kann ich alles auf mich beziehen — aus Rücksicht auf jene Menschen, denen ich die Beobachtungen verdanke. Es ist nicht mein persönliches Tagebuch, sondern eine Mischung aus »Dichtung und Wahrheit«. Es ist auch nicht als ein Buch gedacht, das Sie in einem Zug durchlesen sollten. In jede Tagebuchaufzeichnung habe ich einen Gedanken gelegt, meine Erfahrungen formuliert, um Ihnen vielleicht eine Hilfe anzubieten.

Das Buch widerspiegelt den Verlauf eines Jahres im Leben einer Psychologin. Ich gab ihm das Leitmotiv Vertrauen und Freude. Das Motto bewahrt niemanden vor Problemen und Konflikten, vor Krisen oder Krankheit. Aber es kann lehren, daß jeder Tag, der mit diesen positiven Gedanken angegangen wird, weniger gedankenlos, weniger fremdbestimmt verläuft.

Ich habe davon profitiert. Das Gefühl der Ohnmacht, dem ich früher ausgeliefert war, wird mir je länger, je fremder. Angst verfolgte mich einst wie ein lästiger Ohrwurm, wie der Slogan auf einem Plakat, der oft stundenlang zum unerwünschten Begleiter wird. Unbestimmte Angst überschattete meine Tage, hämmerte auf mir herum.

Das vergangene Jahr – ich arbeitete an diesem Buch – ist für mich zu einem Jahr des Lichts geworden. Von Natur aus neige ich in gewissen Belangen zu Romantik, und ich habe mich deswegen lange geschämt. Jetzt habe ich gelernt, auch diesen Wesenszug anzunehmen, und er hat sich zu einem Gegenpol zur Härte des Berufsalltags entwickelt.

Dieser Hang zu Romantik ist dafür verantwortlich, daß ich das Tagebuch mit Johanni, dem 24. Juni, beginne. Mit diesem Datum verbinde ich laue, sternklare Nächte, erfüllt vom Blumenduft in den öffentlichen Parks, verzaubert vom sanften Plätschern, das ein Schwan verursacht, wenn er elegant auf dem dunklen Wasser vorbeigleitet. Die lautlos fliegenden Fledermäuse lassen mich leise erschauern, wenn ich auf einer Kinderschaukel auf dem Lindenhof sitze und meine Beine baumeln lasse ...

Die unterschiedlichsten Beobachtungen bilden den Inhalt dieses Buches. Ich schreibe über Vorkommnisse, die Sie, mich und alle betreffen könnten. Ich wählte beispielsweise Gespräche und Bilder, die Ihnen helfen, eigene Erfahrungen leichter zu verstehen oder zu interpretieren. Die Lektüre ist als Anregung, nicht als Ersatz für eine eventuell nötige Gesprächstherapie zu verstehen. Jeder Tagebucheintrag hebt einen Schwerpunkt heraus. Gewisse Gedanken werden Sie nicht ansprechen, oder Sie werden die Argumente gleich verwerfen; andere werden Sie fesseln, weil Sie sich selbst in der beschriebenen innerlichen oder äußerlichen Situation wiederfinden.

Hin und wieder werden Sie auf Hinweise auf Düfte und Bäder stoßen. Uralte Erkenntnisse über die heilende oder stärkende Kraft von Düften und Ölen sollten wir uns zunutze machen, wenn es darum geht, das Wohlbefinden wiederherzustellen, Entspannung zu finden. Eine Form von Fürsorge, die wir uns ohne Hilfe von außen zukommen lassen.

Am Schluß des Buches finden Sie praktische Übungen und Hinweise darauf, wann sie anzuwenden sind. Über Duftmischungen, über die Zubereitung von Badezusätzen gibt es unzählige Rezepte. Das Herausfinden, welches Öllämpchen, welche Essenzen einem besonders zusagen — das allein ist eine erfreuende, ja wohltuende Beschäftigung.

Sternklar

Bevor ich mein Dichtung-und-Wahrheit-Tagebuch beginne, schicke ich einige Überlegungen voraus.

Es ist Winter. Die vergangene Nacht war anfänglich sternklar und klirrend: klar, wie ich mir das Leben wünsche – kalt, wie ich es zum Glück selten erlebe, seit ich mir meinen Alltag durch Eigenveranwortung und mehr Bewußtheit über mich erwärme.

Als ich gegen Mitternacht aufwachte und durch die Fensterluke über meinem Bett blickte, sah ich, daß sich der Himmel überzogen hatte und kein Stern mehr zu entdecken war. Ich suche oft nach Sternen. Sie haben etwas vom Blick eines fröhlichen Menschen, und das stimmt mich fast übermütig.

Gegen Morgen setzte dann wildes Schneegestöber ein.

Durch den Flockenwirbel beschwingt, machte ich mich zu Fuß auf den Weg zur Arbeit. Leichtfüßig schritt ich aus, und – schwupps, saß ich jämmerlich auf dem Boden. Unter dem Neuschnee hatte ich eine vereiste Stelle nicht sehen können. Sie wurde mir zum Verhängnis, ich hätte vorsichtiger sein müssen. Aber meine Gedanken hingen noch dem Sternenhimmel und dem Schneegestöber nach. Allzu sorglos bin ich den Weg gegangen. Stechende Schmerzen im Gelenk haben meine fröhliche Laune vertrieben. Dabei hatte ich nur für einen kurzen Moment den Halt verloren ...

Das Wort »Halt« — und seine (un)heimlichen Tücken

Woran denken Sie beim Wort »Halt«? An ein Verkehrsschild? An Sicherheit und die damit verbundene Beruhigung? An den *Rückhalt*, den Sie sich dank Aktien, Bankkonti, Versicherungsverträgen mühsam erarbeitet haben? An den *Halt der Eheurkunde*, die als Garantie gegen Einsamkeit zu dienen hat?

Halt — im Sinne von Sicherheit — wird uns von klein auf als erstrebenswertes Ziel vor Augen gehalten. Was bei dieser Ab- beziehungsweise Versicherung auf der Strecke bleibt, davon spricht keiner. Ob wir durch dieses Sicherheitsdenken überhaupt noch für Wandlungen offen bleiben?

Wenn bei der Berufswahl die finanziellen Erwägungen obsiegen, dann ist die Gefahr groß, daß jemand seiner Tätigkeit mechanisch und freudlos nachgeht; anders ist es, wenn der Beruf aus Neigung und Interesse gewählt wurde. Wer heiratet, weil er oder sie sich eine andere Lebensform nicht vorstellen kann und sich in Gewißheit wiegen will, nie mehr allein sein zu müssen, wird in ständiger Angst leben, einmal verlassen zu werden. Der nach absoluter Sicherheit strebende Partner fixiert sich auf den andern, gibt sich selbst auf und findet weder Zeit noch Interesse, bei sich selbst zu sein. Reines Sicherheitsdenken läßt wertvolle Eigenschaften verkümmern.

Woran ich beim Wort Halt auch noch denke:

Wie oft höre ich im Alltag »*halt*« im Zusammenhang mit Resignation und Entschuldigung: Es ist »*halt*« einfach so — ich kann daran nichts ändern.

Es gibt auch Äußerlichkeiten, die einen *falschen Halt* bieten. Die mit Zwängen verbundenen Rituale kaschieren meist Unruhe und Unsicherheit. Die Rituale verleihen zwar eine trügerische Sicherheit, aber sie machen viele abhängig. Manche Frau findet den *Halt* im Reinemachen der ohnehin sauberen Wohnung; so mancher Mann *hält sich* an seinem schwarzledernen, goldbeschlagenen Aktenkoffer fest. Halt dieser Art verhindert Spontaneität, Kreativität und Freude, weil er die Betroffenen in ständiger Befangenheit hält.

Woran halten Sie sich? — Denken Sie darüber nach, was Halt Ihnen bedeutet.

In diesem Buch versuche ich zu zeigen, wie Halt aus dem Selbst herauswachsen kann und viel weniger von äußern Begleitumständen bestimmt wird, als wir annehmen.

Hüten wir uns vor unter Neuschnee verborgenen Eisflächen, die uns in Sekundenschnelle des Haltes berauben. Lernen wir die *Halt verleihenden* Stellen in uns selber kennen.

Das Jahr der Freude und des Vertrauens

Ein Tagebuch

Mit Düften durchs Jahr

Johanni, 24. Juni
Der heutige Johanni beginnt idyllisch. Es ist früh am Morgen. Ich öffne die Fenster, und unverhofft strömt mir eine Welle süßen Duftes von Lindenblüten entgegen. Der Wind hat nachts gedreht. Der Duft der Bäume vom Lindenhof weht über den Fluß bis zu meiner Wohnung. Er inspiriert mich, mit Geißblattgel zu duschen und mich einzucremen. Der Duft von Geiß-

blatt weckt bei mir Erinnerungen an warme Sommernächte in Gärten und Parks. Jetzt bin ich locker, beschwingt und unternehmungslustig, ich fühle mich in meiner Haut wohl und mag mich riechen. Ja, ich mag mich riechen. Ich mag dich, sie, ihn, euch riechen ... Was sage ich da? Ich weiß, daß gute Düfte und schlechte Gerüche meine Stimmung und meine Atmosphäre beeinflussen, doch bin ich mir dessen im Alltag zuwenig bewußt.

Ich koche Kaffee und lege mein Brötchen auf die noch warme Herdplatte. Kaffee- und Brotduft verweben sich und lassen mir das Wasser im Munde zusammenlaufen. Ich erinnere mich an die Samstagabenddüfte, als ich ungeduldig den goldbraun werdenden Sonntagskuchen im Backofen beobachtete, während die Mutter das Badewasser für mich einlaufen ließ. Der Duft von Beerenkonfitüre, Früchten, Sirupen und Likören während des Sommers ist mir genauso gegenwärtig wie die lauen Abende auf der Schaukel im Garten, an die Nachtschwärmer, die, von Geißblatt angezogen, vor den Blütenkelchen schwirrten, an den Herbst, als wir beim Bauern frischen Obstsaft holten. Adventliche und weihnachtliche Gerüche von Christstollen, Kleingebäck und Tannenharz ... all diese vertrauten Geruchserinnerungen sind mit warmer Stimmung verbunden und vermitteln Geborgenheit. In den ersten Februartagen sproßten im Keller Hyazinthen. Mit ihrem frischen kräftigen Duft erfüllten sie das Haus und durchbrachen das dumpfe Grau der sonnenarmen Vorfrühlingstage.

Ich werde jetzt nicht nur kaffee-, sondern auch tatendurstig. Die Zeit, während der ich morgens regelmäßig niedergeschlagen gewesen war, ist vorbei. Die Angst, den Alltag nicht bewältigen zu können, ist verflogen. Ich bin froh darüber.

Ich gieße in meinem kleinen Dachgarten die Rosen. Die glitzernden Tautropfen in den Blütenkelchen faszinieren mich; ich kann sie nicht nahe genug betrachten. Welch betörender Anblick, welch ein Duft! ... Ich falle heute morgen von einem Duftzauber in den nächsten. Diese Erlebnisse lassen in mir die Idee aufkommen, während des ganzen Jahres meine Aufmerksamkeit vermehrt meinem Geruchssinn zu widmen und dabei die Wirkung auf die Psyche bewußter wahrzunehmen — im Positiven wie im Negativen. Dem Geruchssinn messen die meisten wenig Bedeutung zu. Von unseren fünf Sinnen ist er der am meisten vernachlässigte. Eigentlich unlogisch, weil er doch unsere Alltagsstimmung mitbestimmt. Redensarten wie »Die Nase voll haben«, »Es stinkt einem« weisen darauf hin. Wir sehen, hören, tasten und schmecken viel bewußter, als wir Gerüche wahrnehmen.

Unbegründete Kraftlosigkeit und Ausgeliefertsein an den Körper

25. Juni

Sirenen eines Krankenwagens und das Gebrumm eines Helikopters, der das nahegelegene Krankenhaus anfliegt, rütteln mich aus einem Traum. Die beiden Geräusche verlieren sich in der Nacht. Gegen Morgen werden sie vom ruhigen, schleifenden Geräusch abgelöst, das ein Straßenwischer mit einem Besen verursacht. Die Amseln singen inbrünstig, und das Vogellied ist ebenso eindringlich wie die schreckenerregenden Laute, die zuvor die Stille der Nacht zerrissen haben.

Ich »muß« vor lauter Freude schon um fünf Uhr aufstehen. Das Licht, das in meinen Arbeitsraum fließt, der süße Lindenduft und der Beruf, der mich erfüllt, machen mich froh.

Nach der Arbeit fahre ich aufs Land. Während ich durch den Wald streife, überfallen mich Symptome meiner Krankheit. Körperlich, dann auch seelisch, fühle ich mich urplötzlich elend, trotz meiner romantischen, positiven Einstellung. Wie viele chronisch Kranke werde ich von einer unerwarteten Kraftlosigkeit überfallen. Ich habe mich darauf gefreut, beschwingt und weit zu spazieren, doch jetzt werde ich durch meine Zuckerkrankheit blockiert. Auf der ganzen Linie entmutigt, bleibe ich stehen und warte, stehe und warte... Worauf? Ich fühle mich meinem Körper und der Krankheit ausgeliefert und völlig wehrlos.

Nach wenigen Minuten aber erfüllen mich unerklärliche Zuversicht und Freude. Ich merke, daß ich unabsichtlich, aber intuitiv Fichtennadeln zwischen den Fingern zerrieben und sie mir unter die Nase gehalten habe. Schon oft hat mich Fichtenduft, der Duft des Christbaumes, der das Herz erwärmen läßt, »zurückgeholt« und ein Tief ebenso rasch vertrieben, wie dieses mich überrollt hatte.

Dieser Tag konfrontiert mich wieder einmal mit Ohnmacht meinem Körper gegenüber. Der Tag hat freudig begonnen, und doch hat »es« mich überfallen. Durch meine Krankheit erlebe ich immer wieder totale Erschöpfung und, dadurch bedingt, seelische Mutlosigkeit. Ich erfahre aber auch regelmäßig, wenn ich mich trotzdem zu einem Spaziergang aufraffe, daß ich wieder zu ganzheitlicher Energie komme. Wenn die Kraft zur Bewegung fehlt, hilft auch das passive Naturerlebnis wie z. B. das Ruhen am Wasser. Wenn ich weder einen Spaziergang machen kann, noch ein anderes Naturerlebnis möglich ist, weil mir jegliche Energie abgeht, versuche ich zu erfühlen, was mir wohltun könnte.

Oft hilft ein anregendes oder entspannendes Bad (im Winter eher mit Essenzen aus Hölzern, im Sommer mit jenen aus Blumen). Ich denke auch an würzigen Tee, ein Kräuterkissen, an Kerzenlicht und an Musik. Solche Hilfe ist wenig aufwendig und von außen nach innen gerichtet. Sie setzt Offenheit voraus, Sinn für Kleines und Bescheidenes. Sich etwas Materielles zu leisten kann Freude machen, doch bleibt es oft bei der momentanen Befriedigung. Schokolade zum Beispiel erfreut solange, bis sie verschlungen ist. Im Gegensatz dazu bewirkt Stimmung, die man mit und durch sich selbst in Wohlbefinden wandelt, tiefe Zufriedenheit. Auf dem Heimweg spaziere ich über den Lindenhof und pflücke einen Strauß Lindenblüten, deren zarter Duft mir später vom Nachttischchen entgegenströmt.

Angenehmes ist zu selbstverständlich

28. Juni
Frohgelaunt gehe ich am Morgen Lebensmittel einkaufen. Die Kassiererin hüllt mich unsanft in gehässige Atmosphäre; ohne Grund faucht sie mich an. Ich antworte nicht, sondern verlasse nur bedrückt das Geschäft. Ich will aber meine ursprüngliche Heiterkeit des neubegonnenen Tages wieder auffangen und setze mich in ein einladendes Café. Ich bestelle einen Cappuccino. Dieses Getränk weckt Erinnerung und versetzt

mich in die Ferienstimmung auf einer Piazza im Süden. Vom Regen gerate ich in die Traufe: Die Kellnerin bedient mich, als hätte ich sie mit meiner Bestellung beleidigt. Mein Stimmungspegel sinkt noch tiefer ab.

Später begegne ich Personen, die mich freundlich grüßen; es sind Menschen, die mir jeden Morgen auf meinem Arbeitsweg zulachen. Erst nach der dritten freundlichen Geste werde ich mir plötzlich bewußt, wie ungleich ich gewichte: Unangenehmem schenke ich während Stunden, oft gar während schlafloser Nächte Beachtung. Erfreuliches hingegen nehme ich zwar nicht gerade gleichgültig hin, doch dürfte es in meiner Beachtung mehr Raum erhalten.

Ist Ihnen nicht auch vertraut, daß Sie aus der Mücke einen Elefanten zaubern, wenn es sich um Unangenehmes handelt?

Ist Ihnen aber auch bewußt, wie wenig beachtet Sie den Goldregen ermunternder Begebenheiten an sich herunterrinnen lassen, statt ihn aufzufangen?

Erkennen kann schmerzen, doch ...

29. Juni

Heute halten mich das Gefühl der Ohnmacht und der damit verbundene seelische Schmerz wieder gefangen. Ich fühle mich bedrückt und ratlos und suche nach Hilfe. Ich träufle drei Tropfen einer Duftessenz aus Neroli, Rose, Bergamotte, Jasmin und Zimt in mein Öllämpchen. Während sich der Duft entfaltet, hellt sich meine Stimmung langsam auf.

Ich habe schon darüber geschrieben, wie man dem Gefühl

der Ohnmacht begegnen kann. Sich ihm stellen kann helfen; was mich ursprünglich ausgeliefert hat, wird dadurch faßbar. Zum Vergleich: Kinderängste in der Dunkelheit vergehen, sobald Licht angezündet wird. Das schwarze Feld unheimlicher Phantasien nimmt konkrete Formen an.

Was mich heute beschäftigt, ist der Schmerz, der auch durch Bewußtwerden nicht auszuschließen ist. Ich frage mich, warum ich zum Beispiel nach Anlässen, auf die ich mich im voraus so gefreut hatte, oft niedergeschlagen bin. Die Auseinandersetzung mit dieser Tatsache hat mir bewußt gemacht, daß ich mich wegen meiner Krankheit als Außenseiterin fühle. Die Aussicht, nie wieder gesund zu werden, stimmt mich traurig. Konstruktiv an dieser Erkenntnis ist, daß ich mich — da ich nun um dieses Gefühl des Ausgeschlossenseins weiß — anders auf diese Anlässe einstellen kann. Ich bin deshalb dem Selbstmitleid weniger ausgeliefert.

Erkennen kann zwar schmerzen, aber positiv daran ist, daß es zu Lösungen führen kann, während Leiden als Folge von Ohnmacht zermürbt. Es ist wie bei der Wunde, die mit Jod betupft wird: Im Augenblick der Behandlung schmerzt es. Der Schmerz leitet jedoch Heilung ein.

In Arbeit verbissen

9. Juli

Heute ist Sonntag. Ich freue mich auf das monatliche Konzert mit barocker Musik im festlichen Rahmen des Landesmuseums. Diesen Anlaß verbinde ich mit einem Flanieren durch die am Morgen noch schlafende Stadt: Die Gassen des Niederdorfes sind übersät mit Papier, zerschlagenen Trinkgläsern, Flaschenscherben der vergangenen Nacht; die Straßen sind menschen- und autoleer; in der Luft hängt das Geschnatter der Enten von der Limmat und das Kreischen fliegender Möwen. Bald wird auch das Gurren der jetzt noch schlafenden Tauben die Luft füllen ...

Gestern habe ich mich durchwegs schlecht gefühlt. Als Anschluß an eine intensive Arbeitswoche habe ich während des ganzen Samstags an meinem Manuskript getippt und viel gesessen. Jetzt sind meine Beine angeschwollen und schmerzen. Ich versuche sie zu entspannen. Vor Wochen habe ich Massageöl angesetzt, das mir jetzt nützliche Dienste leistet. Ich rede meinen Beinen liebevoll zu; nach alter Gewohnheit hätte ich sie beschimpft, wie ich es bei anderen körperlichen Beschwerden auch getan hatte. (Wie reagieren Sie auf Schmerz bezüglich Zwiesprache mit dem Körper?)

Diese Störungen wollen mich, uns, auf das Überschreiten einer Toleranzgrenze aufmerksam machen. Es ist ebenso unangebracht, einen geschwächten Körper zu beschimpfen wie ein verängstiges Kind zu verlassen. Ich habe diese Tage, die meine freien Tage sind, offensichtlich mißbraucht.

Das beste ist, ich fahre aus der Stadt und in die Höhe. Die reine Luft, das klare Wasser der Bäche und die intensiven Farben der Bergflora beleben mich. Es duftet nach frisch geschnittenem Gras. Die Luft ist erfüllt von beruhigenden und gleichzeitig anregenden Geräuschen: Ziegenglockengebimmel, das Rauschen von Wasser und in den Tannen. Allmählich fühle ich mich wieder wohl und frisch. Hätte ich mich weiterhin in die Arbeit verbissen, wäre ich nur noch mehr erschöpft.

Wie bedeutsam einfaches, entspannendes Reagieren auf körperliches und seelisches Unbehagen sein kann, erlebe ich täglich in der Praxis. Ich denke an Kranke, die lernen, sich gezielt zu entspannen. Sie staunen, welche Linderung bei Schmerzen erzielt werden kann, oder auch über die Heilungsenergie, die sie selbst wecken können. Im Gegensatz dazu steht die Zeit, als sie, durch Angst, Schmerzen oder durch Probleme belastet, den geschwächten Organismus unbewußt noch mehr schwächten. Sie ermüdeten schnell und wurden noch entmutigter. Die Ermüdung interpretierten sie als Zeichen, wie krank sie seien. Dies kann zutreffen, doch oft ist der Anteil der Verspannung bei Kraftlosigkeit ebenso groß wie jener der Krankheit selbst. Die Lebensenergie aus der Natur, aus der Kraft des Wassers zum Beispiel, kann an einem See, an einem Wasserfall, an einem Bergbach nur schlecht aufgenommen werden, wenn der Körper verspannt bleibt. Ein weiteres Beispiel ist die lösende und belebende Massage, die wir uns selber geben, wenn wir mit nackten Füßen am Sandstrand oder auf weichem Waldboden wandern. Falls Sie es noch nie erlebt haben, probieren Sie es aus! Es ist unwichtig, was andere Spaziergänger im Wald über Ihre nackten Füße denken.

»Nur nicht werden wie ...«

15. Juli

Ich stehe auf der Dachterrasse unter dem nächtlichen Himmel. Er wird durchwoben von grellen, sprudelnden, sich kreuzenden, unaufhörlich wandelnden Farbfontänen, die unerwartet auftauchen und wieder verlöschen: das Feuerwerk des Seenachtsfests. Es bleibt nicht bei der Augenweide – die Vulkanausbrüche werden begleitet von grandioser Musik. Weniger erheiternd sind die stinkenden Rauchwolken, welche in Schwaden vom Seebecken herüberziehen ...

Der Strom vergnügter Menschen unten in der Gasse erinnert mich an eine meiner Unfähigkeiten: Es fällt mir schwer, an Wochenenden keine schriftlichen Arbeiten zu erledigen. Gleichzeitig steckt in mir ein tiefes Bedürfnis, einmal frei von Verpflichtungen zu sein. Unerklärlicherweise kann ich der Geschäftigkeit nicht ausweichen. Es ist deshalb unerklärlich, weil ich wirklich ausruhen möchte und auch unter keinem Termindruck stehe. Woher kommt mein inneres Getriebensein?

Als Kind hatte ich erlebt, wie mein Vater an den Wochenenden und in den Ferien – war es in den Bergen, am Strand oder im Hotel oder wo immer wir uns aufhielten – schreiben mußte. Heute »muß« ich es wie damals er. Dabei wollte ich nie in Vaters Fußstapfen treten bzw. die gleiche Leistungsverpflichtung übernehmen. Nie wollte ich mich von den Ansprüchen, die ich an meine Arbeit stelle, versklaven lassen. Ich respektiere den Fleiß meines Vaters, doch beglückt mich dieses unglückliche Erbe nicht. Ich möchte lernen, gezielter damit umzugehen, und nicht ruhelos tätig sein, wie er es gewesen ist.

Nur nicht werden wie ...« Oft höre ich diesen Satz. Wenn wir ein Verhalten, einen Wesenszug eines Angehörigen um jeden Preis bei uns selbst vermeiden wollen, ihn dann doch übernehmen, ist dies wie folgt erklärbar: Wir verdrängen die betreffende Angelegenheit, weil sie uns mißfällt, derart, daß wir die Ursachen des Verhaltens oder der Wesensart nicht zu erkennen vermögen. Unwissentlich steckt in uns aber die gleiche Ursache, und wir leben danach, ohne zu erkennen.

Nehmen wir das Beispiel »nörgeln«, wenn es Ausdruck dafür ist, daß sich z.B. eine Mutter nicht durchsetzen kann. In diesem Fall hat Nörgeln eine Ventilfunktion, es löst Frustration. Das Kind übernimmt unbewußt die von der Mutter vorgelebte Unfähigkeit, sich zu wehren. Es hat Nörgelei abschreckend erfahren, will sie vermeiden und nörgelt mehr und mehr aus innerer Unzufriedenheit ebenfalls. Das Kind hat sich als Folge mangelnden Durchsetzungsvermögens den Charakterzug ebenfalls angeeignet. Nörgeln kann auf diese Weise in seiner ursprünglichen Funktion unerkannt bleiben und als diffuse familiäre Eigenschaft von Generation zu Generation weitergegeben werden.

Loslassen?
Oder zuviel zulassen?

30. Juli

Heute entdecke ich in meinem Dachgarten die ersten Pflanzenspitzen meiner Aussaat. Ungeduldig habe ich diesen Augenblick herbeigesehnt. Gleichzeitig stelle ich mit Schrecken fest, daß meine heißgeliebten Rosen von Blattläusen befallen sind. Ich habe mich so sehr auf die Saat konzentriert, daß ich dabei die Rosen vernachlässigt habe.

Beim Untersuchen der Blätter werde ich von einer Biene in die Hand gestochen. Nach dem Rezept meiner Großmutter lege ich sofort frische Melissenblätter auf die Einstichstelle.

Bald läßt der Schmerz nach. Welch glücklicher Zufall, daß in meiner Kräuterkiste Melisse wächst!

Ich versuche, in allen Lebensbereichen loszulassen, und bemerke, daß ich Gefahr laufe, das Loslassen mit Resignation oder Vernachlässigung zu verwechseln. Ich wende Loslassen falsch an und lasse eher zuviel zu. Um- und Zustände bestimmen mich, statt ich sie. Dafür ein häufig vorkommendes Beispiel: Jemand fühlt sich am Arbeitsplatz nicht wohl. Er liest ein attraktives Stellenangebot, reagiert aber nicht darauf, weil er es für verpuffte Energie hält, ein Bewerbungsschreiben aufzusetzen. Es melden sich doch so viele, denkt er. Solches »Loslassen« ist nichts anderes als Resignation.

Wenn ich Boden besitze und ihn nicht bebaue, können mich keine Blattläuse stören; anders verhält es sich, wenn ich Rosen züchte. Wichtig ist, daß wir mit unserem Boden, unserem Leben, unserer Zeit bewußt umgehen. Wenn wir ausgesät haben, können wir das Wachstum beeinflussen, indem wir richtig bewässern und die Erde lockern. Was wir beitragen könnten, das haben wir getan: den Boden sorgfältig bearbeitet.

Wer sich mit allem, womit er in Berührung kommt, auseinandersetzt, der besitzt die innere Freiheit, zuzustimmen oder abzulehnen. Er erlebt weniger Unerwünschtes, weil er von vornherein mitbestimmt. Am Beispiel der Stellensuche erläutert: Er schafft sich die Möglichkeit eines neuen Arbeitsplatzes durch eine Bewerbung. Bewerben und werben müssen wir oft im Alltag. (Selbst um das Gedeihen der Rosen müssen wir werben ...) Daneben gibt es Angelegenheiten, die wir in die Wege leiten können, dann aber loslassen müssen. Ich denke da an das bange Fragen der Eltern in bezug auf die Zukunft ihrer Kinder, an jenes von Künstlern, was das Echo auf ihre Werke anbetrifft, an die Alleinstehenden in ihrer Sehnsucht nach Partnerschaft.

Was ich mit dem Beispiel aus der Natur, dem Läusebefall der Rosen und der Erwartung erster Pflanzenspitzen, sagen will?

Im ungeduldigen Warten auf das Aufgehen meiner Saat darf ich die regelmäßige Pflege der Rosen nicht vernachlässigen. Vor lauter Zukunftssorgen darf ich meine elementaren Alltagsverpflichtungen (gesunde Ernährung, Entspannen der Nerven, regelmäßigen Schlaf und bewußtes Einsteigen in jeden neuen Tag) nicht vernachlässigen.

Loslassen sollen wir, wenn wir gesät haben und nun auf das Sprießen warten, und nicht loslassen, wenn Ungeziefer (schlechte Lebensumstände) unsere Pflanzen befällt. Wir müssen sie entfernen, uns auf unsere Lebenssituation bewußter einlassen. Bevor ich schlafen gehe, bereite ich mir ein Kräuterbad. Der Duft versetzt mich in unberührte Bergwelten.

Vermeiden von Stau und Trennung von Überholtem

1. August

Nach dem Bad von gestern abend habe ich wunderbar geschlafen und geträumt. Heute ist ein regnerisch kalter Tag. Dieses schlechte Wetter kommt mir gelegen, denn es erleichtert mir Verinnerlichung und Ruhe. Bei Sonnenschein wäre ich wahrscheinlich irgendwo unterwegs und von mir selbst abgelenkt. Wetterlage als Chance?

Dies kann auch für Ferien- und Wochenendsituationen zutreffen. Ich habe heute einen freien Tag. Ich stehe um sechs Uhr auf. Zuerst gönne ich mir eine Gesichtsmaske, damit ich mich für den neuen Tag in meiner Haut wohl fühle.

Die Brücke zwischen Arbeit und Muße bietet mein Harfenspiel. Ich lasse mich von den warmen, teils sphärischen Klängen in eine andere Welt entführen; dabei steigt in mir das Bedürfnis nach Aufräumen und Reinigen auf. Es drängt mich, gestapelte Unterlagen zu ordnen und den Sekretär zu entrümpeln. Artikel, Prospekte und Manuskripte haben sich angehäuft. Sie sind zum stummen Vorwurf geworden, weil ich sie längst sortieren sollte. Irgendwann meldet sich auch das schlechte Gewissen; hatte ich vielleicht etwas übersehen und dadurch verpaßt? Ich habe die Wahl, dem Stapel einen Stoß zu versetzen und ihn in den bereitstehenden Papierkorb zu kippen, oder ich kann mich von Überholtem trennen und riskieren, daß etwas Wichtiges unters Eis gerät.

Allgemein könnten wir mit Schwierigkeiten umgehen wie mit Schreibkram, der erledigt werden muß. Keine Pendenzen ansammeln befreit von innerlichem Streß. Sofort sortieren, wenn etwas anfällt, Schwierigkeiten nicht mit sich herumschleppen, sondern, sobald der erste Emotionsschwall (Wut, Empörung, Kränkung, Verlegenheit) vorbei ist, sich mit dem Problem befassen. Das verhindert chronisches Unbehagen und Bedrücktsein. In erster Linie denke ich an Beziehungskonflikte, deren Ursprung im Rückblick oft lächerliche Banalitäten sind. Etwas Unwesentliches ist fehlinterpretiert, verschwiegen, gestaut worden, und daraus sind Konflikte gewachsen, die oft entfremden. Überanpassung in der Annahme, der Partner denke oder fühle so oder so, ist häufig Anlaß zu solchem Verdrängen.

Es geht mir bei meinen Überlegungen um zwei Dinge: einerseits um das Aufschieben, was Verpflichtungen und Probleme betrifft (keine Post unerledigt liegenlassen!), andererseits darum, sich von etwas trennen zu können, was überholt ist (keine überflüssigen Unterlagen horten, also nichts nachtragen).

Es ist Abend geworden. Ich fühle mich müde, wohlig entspannt wie nach einer erfüllenden Reise, einer Reise nach innen, die tiefe Ruhe verursacht.

Fragen, die wir uns zum beschriebenen Thema stellen können:
Wie gehe ich mit Unerledigtem um?

Falls ich staple, warum kann ich mich nicht besser organisieren?

Wie gehe ich mit beunruhigenden Angelegenheiten in einer Beziehung um?

Spreche ich offen darüber?

Fresse ich alles in mich hinein?

Grüble ich viel darüber nach, und interpretiere ich Zusätzliches hinein?

Es ist am wirkungsvollsten, sich solche Fragen im körperlich und seelisch entspannten Zustand zu stellen, sich dabei bewußt hinzulegen oder in einen bequemen Sessel zu setzen. Stellen Sie sich nur eine Frage aufs Mal.

Wirkung der Witterung auf die Psyche

8. August

Noch immer ist es regnerisch und düster. Allmählich empfinde ich den Regen und die Dunkelheit nicht mehr als Chance, wie ich es vor Tagen getan habe, sondern als Trostlosigkeit. Licht fehlt. Ich lasse auch tagsüber eine mandarinfarbene Lampe brennen. Der warme Schein erwärmt auch meine Psyche.

Meine heutigen Psychotherapiestunden hatten Todesproblematik, extreme Angstzustände, Depression und nur wenige »durchschnittliche« Alltags- und Lebensprobleme zum Thema. Unterschätze ich das düstere Wetter in seiner Wirkung auf die Psyche? Andererseits bin ich der Ansicht, daß wir den Launen der Natur nicht einfach ausgeliefert sind, sondern daß wir selbst zu unserem Wohl beitragen können — jedenfalls mehr, als wir es üblicherweise tun. Es braucht oft wenig, wenn wir innehalten und versuchen zu fühlen, was uns jetzt, in diesem Augenblick, Wohlbehagen und Geborgenheit vermitteln könnte: warmes Licht, Düfte, Blumen, Musik, Naturerleben, Kleidung, Lektüre — anstatt sich mit der Haltung »es stinkt mir« treiben zu lassen.

»Dem Frieden zuliebe ...«

9. August

Hartnäckig, unablässig hält der Regen an, und das triste Wetter motiviert mich, die Bonnard-Ausstellung im Kunsthaus zu besuchen. Während ich vor den Bildern provençalischer Landschaften und Gärten stehe, versinke ich in eine sonnige, dufterfüllte Stimmung. Gelassen schweifen meine Gedanken ab zum Verhältnis von Problem und Lösung. Ich denke intensiv über Kurzsichtigkeit bei Problemlösungen nach:

Vieles wird kurzsichtig aufgelöst, um auf die Länge ungelöst zu bleiben ...

Vielleicht denken Sie, welch ein Widerspruch, wenn Sie sich an die Warnung erinnern, daß nicht aufgestaut werden soll. Es handelt sich um etwas anderes.

Dem Frieden zuliebe mache ich dies oder jenes: leihe Geld, lasse mich auf Verabredungen ein, mache Dinge, die ich nicht möchte, obwohl ich nicht dazu gezwungen bin, lasse mir zusätzliche Arbeit aufbürden, für die ich nicht zuständig bin. Kaum erlebe ich diesen »Frieden«, folgt der nächste Angriff, die nächste Forderung. Bei diesen kurzfristigen Lösungen wird jede Auseinandersetzung umgangen. Im vorangehenden Kapitel habe ich vom direkten Anpacken von Problemen geschrieben. Doch wären u. a. materielle Hilfe, Übernahme von Zusatzarbeiten, Höflichkeits- und Pflichtbesuche, die Aufgabe von Wohn-, Eß-, Kleidungsgewohnheiten trotzdem falsche Lösungen und würden bedeuten: Ich passe mich an, weil ich keine Dispute mag. Ich spreche hier nicht von rücksichtsvollem Kompromiß, der als Folge von offener, nicht anklagender Auseinandersetzung und von gesundem Abwägen entsteht.

Es geht vielmehr ums Ausweichen, weil ich zu bequem, mürbe oder träge bin, um meine Ansicht mitzuteilen, oder weil ich mich aus falschem Ehrgeiz nicht wehre (Zusatzanstrengungen am Arbeitsplatz).

Solche Kurzsichtigkeit kann sich in der Kindererziehung oder bei sekundärem Krankheitsgewinn abspielen. Wenn jemand erfährt, daß sein Kranksein besondere Zuwendung erzeugt, kann er die Umgebung dazu bringen, immer wieder zu verständnisvoll zu reagieren, denn sie merkt dabei nicht, wie der Kranke unbewußt die Schlinge gegenseitiger Abhängigkeit enger und enger zieht. Ein anderes Beispiel dafür sind Partner, die sich weigern, einzeln etwas zu unternehmen oder zu entscheiden. Der »Ruhe« zuliebe legt die Frau die Krawatte, das Taschentuch, die Socken bereit, oder der Mann regelt alle Finanzangelegenheiten, ohne die Frau zu informieren, weil sie ja doch nichts davon versteht. Solch kurzsichtiges Handeln zieht langfristige Folgen wie Unselbständigkeit und Hilflosigkeit in der Lebensbewältigung nach sich. (In Amerika sagt man: Erziehe deine Frau zur Witwe!) Wie oft sprechen ältere Menschen von ihrer Angst, wenn sie stürben, könne ihr Partner sich nicht zurechtfinden.

Auswirkungen dieser Kurzsichtigkeit bei der Erziehung können auch Rücksichtslosigkeit und Egozentrik sein, wenn Kinder keine Richtlinie erhalten haben, weil es den Eltern zu mühsam war, ein Nein zu begründen. Sie sind dem Quengeln des Kindes mit ihrer Zustimmung ausgewichen. Denken wir nur ans Fernsehen: Geflimmer und Ton können eine Lebensgemeinschaft tyrannisieren, weil ein Angehöriger süchtig ist. Ursprünglich sah alles harmlos aus. Als das Kind klein war, kam es den Eltern gelegen, wenn es sich »selbst beschäftigte«

— sie hatten ihre Ruhe, wenn sie seinem Quengeln nachgaben. Daraus ist im Laufe der Jahre Sucht, Egozentrik, Rücksichtslosigkeit, Langeweile mit sich selbst entstanden.

Am heutigen Morgen habe ich mich in die Toscana versetzt gefühlt.

Noch vor der Arbeit flanierte ich durch den Gemüse- und Blumenmarkt. Ich habe frischen Basilikum gekauft. Es ging mir dabei sowohl um den würzigen Geschmack als auch um seinen herben Duft. Die herrlichen Tomaten haben noch viel aromatischer gemundet; ich kann gut verstehen, warum man sie auch »Paradeiser« nennt.

Entspannung im Ruhezustand?

12. August

Am Seeufer — auf das Schiff wartend — schaue ich den Schwänen zu. Die meisten lassen sich von den Wellen schaukeln und ziehen dabei ein Bein ins Gefieder.

Wie entspannt ist eigentlich unser Körper im Ruhezustand? Und wie fühlt er sich in aktiver oder wartender Haltung an?

Woher kommt es, daß sich viele Menschen morgens wie zerschlagen fühlen? Ich lehne mich an eine massive, alte Espe. Ihr Stamm ist gegabelt und bildet eine Mulde. Ich schmiege meinen Rücken in diese Baummuschel ein wie in die Arme eines Menschen ... Ich stelle mir vor, welch gewaltiger Energieumlauf während Jahren in diesem Baumriesen stattgefunden hat, und glaube von dieser Kraft zu schöpfen.

Der Anblick des Wassers tut wohl; die glitzernde Gold-

brücke, welche die Sonnenstrahlen über den See spannen, fasziniert mich. Ich fühle mich gestärkt durch Wasser, Wind, Weite und Sonne.

Heute verbringe ich einen Tag im Sinne der biblischen Lilien auf dem Felde: Ich tauche in den Zauber der Natur ein und tue »nichts Produktives«. Und doch ... immer wieder sind es jene »untätigen« Augenblicke, die schöpferischen Pausen, welche neue Ideen, Kreativität, Entscheidungen, Problemlösungen aufsteigen lassen. Dies geschieht viel häufiger im entspannten Zustand, als wenn ich leidlich bemüht am Schreibtisch sitze oder mich nachts von Fragen geplagt hin und her wälze. Es ist eine Tatsache, die sich im Alltag allen von uns zeigt: Wenn wir uns verkrampft bemühen und anstrengen, ziehen sich die Blutgefäße im Kopf zusammen, Sauerstoffmangel entsteht und beeinträchtigt unsere Konzentrationsfähigkeit und unser kreatives Denken. Kennen Sie die peinliche Situation, in der Ihnen ein Name entfallen ist? Solange Sie nach ihm suchen, kommt er Ihnen nicht in den Sinn; lassen Sie innerlich los, taucht er ebenso unerwartet auf, wie er Ihnen entschwunden ist.

Der Bezug zu Farben im Alltag

21. August

Gestern war es regnerisch, kalt und trübselig grau. Dagegen wollte ich etwas unternehmen. Ich habe in der Praxis fünf Tropfen einer aromatischen Essenz auf den Duftstein gesprengt.

Gegen Abend kam eine farbenfroh gekleidete Frau in die Praxis. Mir ist erst in diesem Moment aufgefallen, daß alle Menschen, die mich im Laufe des Tages konsultiert hatten, dunkel gekleidet waren.

Ich habe vor Jahren an mir etwas beobachtet und daraus Schlüsse gezogen, und jetzt frage ich mich, ob die Farbwahl bei Kleidern nur Zufall ist. Damals hatte ich an einem strahlenden Morgen ein zartrosa Kleid angezogen. Gegen Mittag war es dunkel geworden, und es begann zu regnen. Ich zog schwarze Hosen und einen schwarzen Pullover an, paßte meine zweite Haut den äußeren Verhältnissen an. Die Logik meiner Farbwahl lautete also: Ich unterstütze und verstärke aus Nichtbewußtsein einen unangenehmen Zustand, die Dunkelheit des Tages.

Redensarten wie »schwarzsehen«, »gelb sein vor Neid«, »immer gleich rotsehen«, »auf rosa Wolken schweben« weisen auf das Wissen um die Macht der Farben und den Zusammenhang mit körperlichen und seelischen Vorgängen hin. Wie die Farben — in die wir uns kleiden, die wir zur Raumgestaltung wählen — unser Befinden beeinflussen, das kann erlernt werden. Wir sollten im Alltag bewußter mit Farben umgehen. Wir können uns gegen das Grau des Alltags selbst helfen.

In Zürich gibt es einen Ort, wo Farberlebnisse besonders intensiv vermittelt werden: durch die Chagallfenster in der Fraumünsterkirche. Für mich ist das Erleben dieser Farben eindrücklich.

Im August findet an jedem Mittwochabend ein Konzert in dieser Kirche statt. Ich gehe jeweils eine halbe Stunde vor Beginn hin, setze mich unter das mächtige, gotische Gewölbe. Das letzte Licht der untergehenden Sonne dringt durch die Fensterbilder und verglimmt. Allmählich wird es Nacht, und während Musik durch den Kirchenraum hallt, leuchten die Farben mit neuer Kraft durch die Scheinwerfer, die das Fraumünster von außen anstrahlen.

Vernachlässigung seiner selbst macht abhängig von der Liebe der Umgebung

23. August

Ich fühle mich wohl und merke, daß es damit zusammenhängt, wie ich mit warmen Farben, Blumen und Düften Atmosphäre schaffe, besonders wenn es draußen trüb ist.

In ähnlicher Weise initiativ wie ich verhalten sich viele gegenüber depressiven Menschen. Wie ich in den Räumen eine warme Atmosphäre zu schaffen versuche, so hüllen sie durch besondere Zuwendung Depressive in psychische Wärme ein. Nur besteht ein großer Unterschied: Den Depressiven kann es mehr schaden als nützen. Sich selber durch das Schaffen heller Stimmung zu helfen nützt; jemanden zu umsorgen, der sich daran gewöhnt hat, Zuwendung von der Umgebung zu erwarten, kann schaden. Wer durch einen Verlust erschöpft und depressiv ist, muß getröstet werden. Schaden fügt Hilfe jedoch jenen zu, die aufgrund mangelnder positiver Beziehung zu sich selbst depressiv geworden sind. Diesen zuviel psychische Wärme zuteil werden lassen, ist ein Beispiel für kurzsichtiges Handeln, welches langfristig schaden kann. Diese Depressiven engagieren sich oft zu stark nach außen, vergessen und vernachlässigen sich selbst. Je mehr sie ihre Liebe verströmen, desto mehr sind sie auf Zeichen der Liebe von außen angewiesen. Ihnen schaden wir, wenn wir den Gletscher, den sie in sich selbst wachsen lassen, mit Wärme von außen schmelzen wollen. Ihre innere Kälte kann auch daher kommen, daß sie ihren Ansprüchen an eigenes Geben und Leisten nie genügen können und sich immer wieder selbst entwerten: Ich denke an Besucher, auf die ich mich freue. Liebevoll bereite ich vor, überlege, was Freude bereiten könnte, bin gastfreundlich. Wenn ich im nachhinein das Gefühl habe, zuwenig geboten zu haben, sehe und denke ich nur an das, was ich noch hätte geben können. Ich übersehe, was ich tatsächlich gegeben habe.

Dieses Beispiel läßt sich auch auf die Arbeitswelt übertragen. Oft höre ich, wie so gesinnte Menschen ratlos über sich sagen, daß es ihnen eigentlich gutgehen müßte. Sie zählen auf, was in ihrem Leben alles stimmt: Sinnerfüllung in Beruf, Finanzen, Wohnverhältnis, Gesundheit. Sie können ihre Niedergeschlagenheit nicht verstehen. Daß sie die Stimmung in sich *gegen* statt *für* sich richten, übersehen sie. Frage ich sie, wie sie sich in der Gemeinschaft mit einem allzu fordernden, kritisierenden Partner fühlen, kommt die Antwort glasklar: Sie halten es kaum aus. Daß sie die Überforderung gegenüber sich selbst zur Gewohnheit werden ließen, erkennen sie nicht. Mit Nörgeln, zu großer Selbstkritik und mit Ungehaltenheit, was ihre eigene Person anbelangt, schaffen sie eine ebenso trostlose Atmosphäre, wie sie ein Außenstehender bewirken kann.

Zum Thema der Pseudohilfe für Depressive gibt es noch einen weiteren Aspekt, den ich schon angedeutet habe. Depressive fühlen sich ihrer Stimmung meist hilflos ausgeliefert. Indem von außen gewärmt wird, wird das Ohnmachtsgefühl, dieses »Kinder-Ich«, noch verstärkt. Sie fühlen sich noch schwächer. Statt den Betreffenden zu ermuntern, sich selbst zu helfen — für, statt gegen sich etwas zu unternehmen —, bewirkt Zuwendung von außen noch mehr Gleichgültigkeit gegenüber jeder Eigenverantwortung.

Folgende Fragen zum Thema sollten Sie sich ab und zu stellen:

Wie reagiere ich auf äußere Trostlosigkeit?
Lasse ich mich anstecken?
Unterstütze ich sie mit düsterer Farbwahl, mit negativen Informationen, die ich nicht unbedingt auch noch breitschlagen müßte?
Wie reagiere ich auf innere Trostlosigkeit?
Ist sie durch Verlust oder schmerzende Erlebnisse verursacht?
Fehlt es mir an Geduld zum Trauern?
Ist sie durch nichtbewußte Lieblosigkeit gegen mich bedingt und durch mein Ungehaltensein mir mir selbst vertieft?

»Nie mehr«... Wie reagieren?

28. August

Nach der Arbeit gerate ich auf dem Heimweg in einen Wolkenbruch. Innerhalb weniger Minuten verwandeln sich die Straßen in reißende Bäche. Unbeschirmt hetze ich zu Fuß nach Hause und werde nicht nur von oben, sondern auch von den vorbeirasenden Autos begossen. Was ich noch nie auf offener Straße getan habe: Ich schimpfe wie ein Rohrspatz und steigere mich in einen echten Zorn über die rücksichtslosen Autofahrer. »Nie mehr«, habe ich mir geschworen, »nie mehr setze ich mich bei Regen rüpelhaften Autofahrern aus!« Natürlich werde ich dies nicht einhalten können.

Nie mehr? Sage nie *nie*. Was heißt da »nie mehr«?

Mir wird bewußt, wie viele meiner Ängste sich darauf beziehen, etwas nie mehr erleben zu müssen.

Jetzt stelle ich dieses »nie mehr« in Frage, weil ich spüre, daß es noch mehr beunruhigt. Die Garantie, daß sich nichts wiederholt – sei es Krankheit, Scheidung, Konkurs –, kann ich nie erhalten. Ich kann jedoch lernen, immer bewußt und aktiv zu reagieren. Damit wächst innere Sicherheit, und es entsteht Geborgenheit, wenn ich sicher bin, daß ich jederzeit selbst mit einer Situation umzugehen verstehe, bevor diese mich in Resignation stürzt. Dieses »nie mehr« ist Ausdruck von Resignation. Hilfe bietet die Kontaktaufnahme mit einer Fachperson, wenn es sich um eine Notsituation handelt.

Voraussetzung dafür, daß ich in Ausnahmezuständen geistesgegenwärtig bleibe (im Gewitter unterstehe), ist, daß ich relativieren und zu mir ehrlich sein kann. Was die Ehrlichkeit betrifft: Manchmal suggerieren wir uns positiv, wir überlisten uns, um etwas Negatives nicht als solches erleben zu müssen. Ich denke an eine Liebesbeziehung, die lange ersehnt worden ist, bis sie endlich verwirklicht werden konnte. Schon bald fühlt sich der oder die Liebende in ihr eingeengt, weil er/sie sich zu sehr anpaßt und sich dabei aufgibt. Er betont auch gegenüber Freunden, wie gut es ihm seit Beginn dieser Beziehung gehe. Er ist überzeugt, daß er glücklich ist, weil er nur eine Seite wahrnimmt: Sein Wunsch nach einer Partnerschaft hat sich erfüllt. *Wie,* das hinterfragt er nicht; wichtig ist nur, *daß*. Folglich hat er glücklich zu sein. In Wirklichkeit ist er unglücklich, was er sich erst nach der Trennung eingestehen kann. Er hat sich selbst Glück vorgegaukelt, hat durch positive Selbstsuggestion über allem Unangenehmen stehen wollen.

Ich spreche nicht von der Fähigkeit des Einstellungswandels, sondern von Eigenbetrug. »Nie mehr« will er sich der Liebe ausliefern! Haben Sie nicht auch schon solche Worte von Menschen mit Liebeskummer gehört?

Es wäre falsch, Enttäuschung nicht mehr zu riskieren, keine Liebesbeziehung mehr einzugehen; es geht nur darum, sich nicht mehr einem Eigenbetrug auszuliefern.

Ich werde wieder in Gewitter geraten, aber hoffentlich anders reagieren; werde warten oder irgendwo unterstehen, ein Taxi rufen und mich besser pflegen, wenn ich durchnäßt bin.

Gefühle sind nicht gefragt

3. September

Seit Tagen fühle ich mich kraftlos. Ich bestehe sozusagen nur aus Tätigkeit in der Praxis, gehe nach der Arbeit nach Hause, arbeite dort weiter und lege mich zur blauen Stunde, beim Einnachten, ins Bett. Ich muß am nächsten Tag wieder leistungsfähig sein. Jedesmal vor dem Einschlafen hoffe ich, daß mir beim Aufwachen anders zumute sei, doch jeden Morgen erwache ich erneut zerschlagen und lustlos.

Eigentlich ist mir eine solche Stimmung fremd. Ich liebe das Leben, den Alltag. Ich kann dieses hilflose Bedrücktsein keinem konkreten Ereignis oder Erlebnis zuordnen. Ich bin apathisch und suche erfolglos nach einem Wunsch, einem Bedürfnis, nach etwas, was mich freuen, lebenslustig stimmen könnte. Wenn ich ganz ehrlich bin, finde ich an meinem Leiden einen gewissen Gefallen. Ich fühle mich widersprüchlicherweise geborgen, wenn ich in den (zu) frühen Abendstunden im Bett liege und als Geräuschkulisse flanierende, fröhliche Menschen wahrnehme. Endlich darf ich mich meinen Gefühlen hingeben, wie ich es mir während des ganzen Tages nicht erlaubt habe.

Vielen Depressiven ergeht es so, sie fühlen sich schlecht und gleichzeitig in einem süßen, diffusen Gefühl. Diese Gefühlslage ist ihnen ohne äußere Ursache zur Alltäglichkeit geworden, die wie Blei an ihnen hängt. Ich spreche ihnen die Belastung nicht ab, sondern frage mich nur nachdenklich, woher diese Süße kommt, was hinter ihr steckt? Immer wieder höre ich von sensiblen, beruflich stark engagierten Menschen, daß sie unter einer Depression leiden.

Sie sind nicht während Wochen und Monaten aus einem konkreten Grund im Dunkeln; die Depression ist ohne erkennbare Ursache zur Lebensbegleiterin geworden. Bei näherem Betrachten fällt auf, daß jene Momente düster sind, in denen sie sich erlauben, Gefühl zuzulassen. Dieses Gefühl gestehen sich die immer Starken, immer Funktionierenden, immer Kontrollierten nur im geschwächten Zustand der Depression zu. Wenn es ihnen gutgeht, haben einseitig nur Wille und Kopf die Oberhand. Sie sind in der Kindheit beste Lebensschüler gewesen, denn sie haben sich den Gedanken zu eigen gemacht, daß man nur mit Wille und Anstrengung weiterkommt. Loslassen, Brachzeit ist ihnen fremd. Erst wenn sie erschöpft sind, sorgt die Depression für einen Ausgleich zwischen Gefühl und Intellekt. Es verhält sich ähnlich dem physikalischen Gesetz von Druck und Gegendruck: Selbsthilfe, die auf dem Willen basiert, etwas für sich zu tun, wird verunmöglicht, weil der Wille erschöpft ist. Psychische Energie ist nicht

freizusetzen, weil sie durch die Unterdrückung von Gefühlen gedrosselt worden ist. Das Fehlen dieser Energie kann sich darin zeigen, daß sich die Betroffene nicht mehr freuen kann, obwohl von außen Anlaß dazu vorhanden ist.

Zwei Problemkreise werden berührt: das Zulassen von Gefühlen im Alltag und der Umgang mit geistiger Energie. Gefühle dürfen nichts Exklusives bleiben; sie gehören mit an den Arbeitsplatz. Sie dürfen nicht so stark unter Kontrolle gehalten werden, bis das Notventil »Depression« geöffnet werden muß.

Energie darf nicht dermaßen durch Geschäftigkeit verschwendet werden, daß dann bei Niedergeschlagenheit die Kraft zur Selbsthilfe fehlt.

Nun endlich kann ich mich aufraffen. Ich gehe für drei Stunden auf ein Schiff, um mich entspannt den Kräften der Natur hinzugeben. Meine Hoffnung, auf diese Weise Energie zu tanken, erfüllt sich. Ich habe Kraft, mir selbst zu helfen. Die Lebensfreude erwacht, und ich »muß« mich nicht in eine Depression flüchten, um meinen Gefühlen freien Lauf zu lassen. Ich hoffe, daß ich es in Zukunft nicht mehr soweit kommen lasse.

Ich möchte mich in eine Höhle verkriechen

10. September

Endlich wird es Tag.

Es ist wie nach einer wegen Schmerzen, Verzweiflung, Problemen oder Ängsten durchwachten Nacht: Wochen des Haderns liegen hinter mir. Ich habe mich selbst nicht ausstehen können und hatte den Wunsch, mich in einer Höhle in der Einöde zu verkriechen. Weshalb? Die Suche nach konkreten Auslösern hat nichts gebracht. Dieses Unfaßbare hat mein Gefühl des Ausgeliefertseins vertieft. Die Ablehnung meiner selbst hat ein Ausmaß erreicht, daß ich mich am liebsten zerstört hätte. Gleichzeitig übe ich doch eine Tätigkeit aus, in der ich von mir ruhige, ausgeglichene Ausstrahlung als absolute Voraussetzung erwarte. Ermunterung aussenden ist auch mit einer gegensätzlichen inneren Einstellung möglich, ohne daß ich dabei zur Verräterin werde.

Ich versuche die Verzweiflung dieser Wochen mit bewußt liebevoller Pflege meiner Wohnung und meiner Pflanzen zu überbrücken. Diese Brücke ist natürlich nicht die Lösung des eigentlichen Problems. Wenn ich aber die Initiative ergreife und Dinge unternehme, die mir wohltun, sinkt meine Stimmung nicht in noch tiefere Trostlosigkeit. Was verschafft mir auch äußerliches Wohlbehagen? Frische Blumen, Licht und Duft sind mir jetzt besonders wichtig. Ich widme mir eine besondere Pflege. Zu allem muß ich mich jedoch aufraffen und überwinden.

Als Mädchen hatte ich in Idealvorstellungen bedingungsloser Liebe gelebt. Es stand für mich außer Zweifel, daß die Liebe des Mannes meines Lebens nie erlöschen könnte. Ein romantisches Liebesgedicht las ich immer wieder:

> Mein Herz, ich will dich fragen:
> Wie redet Liebe, sprich.
> Sie redet nicht, sie liebt.
> Wann ist Lieb' am tiefsten?
> Wenn sie am stillsten ist.
> Wann endet Liebe, sprich.
> Sie war's nicht, der's geschah...

Seit der schwärmerischen Lebens(Liebes-)haltung von damals habe ich verschiedene Stürme erlebt. Es gab Zeiten, in denen ich eine ganzheitliche Liebe zwischen Mann und Frau total in Frage gestellt habe.

Heute glaube ich an bedingungslose Liebe mit dem Wissen, daß sie so selten ist wie wohl kaum etwas anderes. Mit »bedingungslos« meine ich, daß ich in der Beziehung zum andern keine Forderungen stelle und keine Erwartungen habe; in der Beziehung zu mir, daß ich mich nicht wegen irgendeiner Leistung liebe, sondern weil es mich gibt. Bedingungslos ist nicht als Kapitulation, sondern wie »ohne Bedingungen« zu verstehen. Mit andern Worten: Ich liebe dich, *weil*, nicht *wenn* du so oder so bist.

Wovon hängt die Bedingungslosigkeit der Liebe in erster Linie ab?

Der Ausgangspunkt bin ich selbst. Wo das Fundament des Eigenrespektes und der Abgrenzung fehlt, gerate ich auch in der Beziehung zum andern auf die schiefe Ebene. Ein Beispiel: Ich verlebe mit dem Partner einen freien Tag, an dem er mich Launenhaftigkeit, Gehässigkeit oder stumme Anklage spüren läßt. Mein Stimmungspegel sinkt, wie immer die übrigen Umstände sein mögen. Wenn ich die gleiche Stimmung, wie sie der Partner ausstrahlt, mir zu eigen mache, verliere ich meine eigene Atmosphäre. Ich kann mich noch so bemühen, den Wandel zu überspielen.

Die Frage nach der Bedingungslosigkeit der Liebe stellte ich aus zwei Überlegungen: Die Liebe ist gefährdet, wenn ich zuerst — bildhaft ausgedrückt — außen spüre, diese Empfindung interpretiere und mich je nachdem ausrichte. Lieben will in erster Linie das ausdrücken, was ich *in mir* fühle. Stellen wir uns zwei Schüchterne vor, die sich ineinander verlieben. Jeder interpretiert die Zurückhaltung des andern als Ablehnung. Sie können einander nicht näherkommen. Gelingt es der einen, über den eigenen Schatten zu springen, befreit sie den andern aus dessen Befangenheit. Es ist das unsichere Ich, das sich zuerst am äußerlich Erkennbaren orientiert und dabei über das eigentliche Empfinden stolpert. Wie kommt es dazu?

Wenn mir gesunde Eigenliebe fehlt, entsteht der Wunschtraum, von außen bedingungslose Zuneigung zu erhalten. Das Manko wird wettgemacht durch das Bemühen, einem andern zu gefallen. Meist hat dies Überanpassung und Selbstaufgabe zur Folge, und Selbstaufgabe bedeutet, daß ich mich selbst vergewaltige. Mein Wohlbefinden wird begrenzt, weil ich mich verstellt, verloren habe. Ich habe außen gesucht, was innen fehlt. Ich habe mich verlassen, indem ich bedingungslose Zuwendung von einem andern Menschen statt von mir selbst erwartet habe.

Über dieses Thema habe ich in meinen andern Büchern geschrieben. Ich rufe es in Erinnerung, weil es um die Frage geht: Was kann ich tun, wenn ich mich »grundlos« unwohl fühle mit mir selbst? Nicht nur während Stunden oder an dem Tage, an dem ich mit dem linken Bein aus dem Bett gestiegen bin. Ich spreche von Tagen oder Wochen, die dominiert werden vom Gedanken: Ich möchte mich in eine Höhle verkriechen oder mich auf Eis legen. Es fehlt nicht nur jede Freude, sondern ich möchte mich auslöschen, ohne konkrete Selbstmordabsichten zu haben. Wenn ich in diesem Tief in die Geborgenheit von Menschen fliehe, kann ein weiteres Fiasko programmiert sein. Ich spiegle mich wider in der Begegnung, wie ich es am Beispiel der Gehässigkeit und weiter vorn am Beispiel der Pseudohilfe an Depressiven erläutert habe. Sicher ist, daß Ablenkung und Zuwendung von außen eine kurzfristige Lockerung bringen wie eine Pille bei einer Krisenintervention. Ich gestehe mir die Erwartung an die Umgebung nicht ein, verlange aber unmißverständlich, daß diese mich lustvoller stimmen soll, und begebe mich dadurch in eine Abhängigkeit, die in mir das Ausgeliefertsein vertieft. Ergreife ich jedoch Initiativen für mich, indem ich zum Beispiel meinen Körper, mein Essen, meine Kleider und Wohnräume besonders liebevoll pflege, bis ich wieder spüre, wie Wärme aufkommt — auch wenn es große Überwindung kostet —, kann das tiefe Vertrauen entstehen, stets Zuflucht bei mir selbst zu finden. Ich bin für mich immer erreichbar. Ich stehe zu und hinter mir, was immer geschehen mag.

Bei allen Aussagen gehe ich davon aus, daß die eingangs erwähnte Krise nicht auf konkrete Ereignisse, sondern auf ein psychisches Energiedefizit als Folge des grauen Alltags zurückzuführen ist.

Ich habe mich wieder gefunden. Beim warmen Schein einer Kerze und bei Kammermusik nähe ich die ersten Lavendel- und Patchoulisäckchen. Über den Lavendel freue ich mich besonders, weil er von der ersten Ernte aus meinem Gärtchen stammt.

Fragen zum Thema

Fühle ich mich bei diesen Überlegungen in bezug auf Eigenverantwortung befremdet?

Wenn ich in einer dieser eben geschilderten Krisen stecke, wähle ich eine der folgenden Eselsbrücken:
1. Ich stelle mir vor, daß der mir nächste Mensch in dieser Krise steckt. Was würde ich für ihn tun?

2. Jemand erzählt mir von einer eigenen solchen Krise. Was würde ich ihr/ihm raten?

Sinnentleert

20. September

Ein ausgedehnter Spaziergang: Einmal mehr werde ich vom Zusammenspiel Natur und Kunst aus Menschenhand fasziniert. Ich staune über die Parkanlage am See, die mächtigen Hängebuchen und Trauerweiden und genieße die Weite des Seebeckens, das Spiel des Lichtes auf der gekräuselten Wasserfläche. Vor dem quirligen, übermütig klappernden Perpetuum mobile von Jean Tinguely bleibe ich bewundernd stehen. Einige hundert Meter davon entfernt muß ich vor der riesigen Granitkugel, die von einer aufsteigenden heißen Quelle bewegt wird, innehalten. Nur eine kurze Strecke weiter zieht mich die massige, zum Anschmiegen einladende Plastik von Henry Moore in Bann. Wieviel tanke ich bei diesem Spaziergang an Erholung und Impulsen auf!

Anknüpfend an den letzten Eintrag, stelle ich die Frage: Was kann ich außerdem dazu beitragen, damit es nicht zu einer solch energiezehrenden, destruktiven Verfassung kommen muß?

Grundsätzlich liebe ich das Leben mit seinen Überraschungen und vor allem die Möglichkeiten, die es täglich bietet. Ich freue mich auf große Ereignisse, aber auch über kleine Dinge des Alltags: liebkosende Sonnenstrahlen, wie ich sie jetzt während des Schreibens auf der Haut spüre, Vogelgezwitscher, den Flug einer Möwe vor dem Fenster...

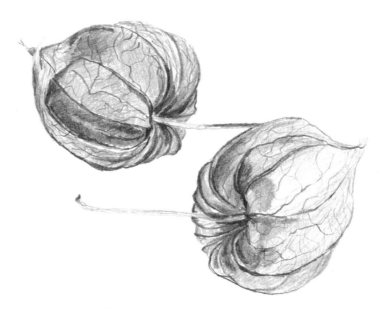

Wie schon geschildert, bin ich nach der Arbeit am See spaziert. Es duftete nach Lavendel und Rosen. Daheim habe ich auf der Dachterrasse dem Flug der Möwen zugeschaut. Welche Freiheit!

Vor Tagen fühlte ich mich jedoch noch resigniert und sinnentleert. Ich hatte den Bezug zu meinen fünf Sinnen verloren. Ich mochte niemanden sehen oder hören. Gleichzeitig liebe ich die Menschen und kann nicht begreifen, wie es zu dieser momentan miesen physischen und psychischen Verfassung kommen konnte.

Ich blende einige Wochen zurück. Nun beginnt es mir zu dämmern: Ich habe mich in eine Geschäftigkeit verloren, die mir Sinnhaftigkeit im erwähnten Sinne verunmöglicht hat. Es fehlte mir die Zeit, die Möwe in ihrem Flug zu beobachten, den Brunnen zu hören, die Rosen zu riechen. Ich war nicht nur für einen Augenblick sinnentleert, sondern hatte den Bezug zu meinen fünf Sinnen vorübergehend verloren. Eine wichtige Energiequelle für Seele, Körper und Geist habe ich mir selber versagt.

Sich aktiv um Pflege zu bemühen ist notwendig. Loslassen, sich für Erbauliches öffnen ist eine ernstzunehmende Aufgabe im Alltag und nicht nur für sporadische Sternstunden gemeint. Ich denke dabei an erholsamen Schlaf, an entspannte Bewegung, gelöste Haltung und Atmung, an Geräusche und Berührungen, denen ich mich aussetze.

Der Alltag zwingt uns, unsere Sinne mit mancherlei zu belasten: Straßenverkehr quält Nase und Ohren, kulturloses Essen den Gaumen. Kurzlebige Wegwerfmaterialien stumpfen unseren Tastsinn ab, grelle Lichter und Bildschirme stören unsere Augen. Dies sind nur einige wenige Aufzählungen.

Wie lang fällt Ihre Liste der täglichen *angenehmen* Sinnesempfindungen aus?

Werden auch Ihre Sinne öfter strapaziert, als daß Sie sich Zeit nehmen, sich zu erholen und aufzutanken?

Folglich kann der Bezug zu den fünf Sinnen negativ werden oder verlorengehen.

Dies ist kein Anlaß zur Resignation, sondern zur Tat.

Fragen zum Thema

Welcher Belastung setze ich meine Sinne täglich aus?

Welche Regeneration setze ich ihr entgegen?

Ist es eine Folge davon, daß ich oft nicht gern hören oder sehen mag und den Genuß am Essen verloren habe?

Wo verschließe ich mich Energiequellen, ohne es zu merken? Spaziere ich mit dem Blick nach unten, die Arme vor dem Brustkorb verschränkt? Esse ich unaufmerksam, hastig, und realisiere nicht, daß Salat, Getreide, Fleisch, Gemüse vier verschiedene Geschmacksempfindungen vermitteln? Überhöre ich das heimelige Tropfen des Regens, und übersehe ich das Glitzern der Sonne in den Tautropfen? Womit beginne ich *heute*, all dem entgegenzuwirken?

Traumatische Erlebnisse Aufrechterhaltung des hilflosen Kinder-Ich

21. September

Das Unkraut in meinem Gärtchen gedeiht, wuchert und erdrückt Pflanzen, auf deren Blühen ich mich sehr gefreut habe. Man könnte auf die Idee kommen, ich hätte es bewässert oder gar gedüngt. Es handelt sich um Unkraut, an dem mir weder Blüten, Duft noch Kraut gefallen.

Heute unterrichte ich Psychosomatik. Die angehenden Krankenschwestern sind bedrückt, denn sie hatten in der Lektion zuvor eine Physikprüfung. Erinnerungen werden in mir wach – Erinnerungen, die ich bis heute verdrängt habe, wenn sie ungebeten aufgetaucht sind. Immer wieder drängen sie sich in meine Träume. Ich sehe mich darin als Mädchen, ziellos einen Waldpfad entlang laufend. Ich laufe mir selbst, der Schule, einer Angst, einem Gespenst, das mir im Nacken sitzt, davon. Ich bin blind vor Verzweiflung und Enttäuschung, weil ich in einer Mathematikprüfung, auf die ich mich gut vorbereitet hatte, eine schlechte Note eingesteckt habe. In Anbetracht des Mißerfolgs trotz meiner Vorbereitungen gerate ich außer Fassung.

Ich sehe nur den Selbstmord. Soweit der Traum.

Wenn ich in die Gesichter der Schülerinnen blicke, wird jenes Gefühl von damals in mir wach. Gleichzeitig werde ich mir bewußt, wie oft wir an traumatische Erlebnisse in der Kindheit oder Jugend nicht erinnert werden wollen. Was wir dabei nicht bemerken, ist, daß dadurch das Gefühl des Ausgeliefertseins »sorgfältig« gepflegt und gefördert wird.

Dieses Ohnmachtsgefühl bezeichne ich als Kinder-Ich.

Durch das Wegschieben der Erinnerung an das frühe Ereignis verunmöglichen wir, daß sich ein Erwachsenen-Ich bilden kann. Erst dieses bringt die Gewißheit, mit einst widrigen Situationen umgehen zu können. Das Verharren im Kinder-Ich verhindert das Vertrauen in die eigene Lebensbewältigung. Zur Erläuterung zwei Beispiele.

Stellen Sie sich eine Frau vor, die als Kind vergewaltigt worden ist. Wenn diese Frau bei jeder Erinnerung daran in die gleiche Panik verfällt und darin steckenbleibt, fühlt sie sich allmählich von allen Männern bedroht. Lebt sie jedoch im Erwachsenen-Ich, dann besitzt sie Vertrauen in die eigene Kraft, sich zur Wehr setzen zu können. Es wird ihr zunehmend gelingen zu relativieren: Es gab wohl damals jenen Mann, der »es« ihr angetan hatte. Sie kann nicht alle andern Männer dafür

verantwortlich machen und wird sich bewußt, daß sie als erwachsene Frau nicht schutz- und hilflos bleibt.

Nun spreche ich zu einem Mann: Stellen Sie sich vor, wie Sie als Knabe ausgelacht wurden, weil sie geweint haben. Sie sind bloßgestellt worden. Wenn der Gedanke an jenen peinlichen Augenblick verdrängt wird, indem Sie jeden Gefühlsausdruck vermeiden — weil er Ihnen lächerlich erscheint —, kann es auch in diesem Falle zu einer oft unlogischen Verallgemeinerung kommen. Sagen Sie sich als Erwachsener, daß es Ihre ganz persönliche Angelegenheit ist, wann, wo und wie Sie Gefühle leben werden, dann verlieren Sie die Befürchtung, sich lächerlich zu machen, und finden Freude daran, Gefühle zu zeigen, diese überhaupt zuzulassen.

Als Kind bin ich ausgeliefert, muß den Normen genügen. Als Erwachsene entscheide ich, ob ich mich von jemandem messen, bewerten oder einstufen lasse. Kinder-Ich, das heißt Hilflosigkeit und Schutzbedürfnis. Das Erwachsenen-Ich bedeutet Glaube an die Autonomie in den verschiedenen Lebensbereichen wie im Beruf, in der Liebesbeziehung, bei Krankheit, im Gefühl des Verlassenseins etc. Wir können nicht im hilf- und ratlosen Kinder-Ich verharren, wenn wir uns über Lebensmöglichkeiten freuen wollen.

Ich werde das Unkraut in meinem Garten nicht wässern, nicht düngen, sondern es jäten, bevor es seine Samen verstreut hat.

Fragen zum Thema

Gibt es spezielle Angelegenheiten, Situationen oder Personen, denen ich auffallend oft ausweiche, ohne mir bewußt zu sein, woher die Abneigung kommt? Falls ich die Abneigung kenne, wie kann ich sie konkret faßbar machen?

Negativen Verpflichtungen positive Gegenpole setzen

15. Oktober

Über Nacht ist es Herbst geworden. Die Luft ist erfüllt vom Geruch sterbender Blätter und Pflanzen. Das Tageslicht ist verändert. Die Fernsicht in die Berge ist klarer, und die Farben sind allgemein intensiver. Die Nächte sind länger geworden. Voller Wehmut räume ich die Hochsommerkleider weg, aber mit Genuß kaufe ich mir neue Mischungen für Kräuterkissen, -säckchen und -bäder sowie Essenzen für meine Duftlampe.

Je kälter es draußen wird, je dunkler, desto wichtiger wird mir die Wärme in der Atmosphäre meiner Wohnung. Ich stelle farbenprächtige Sträuße aus Blumen und Blättern in Vasen, und ebenso leuchtend lacht mich das Herbstobst an, welches ich mit kräftigen, grünen Blättern auf einem Holzteller arrangiere und auf den Schiefertisch stelle.

Mit dem Auflisten dessen, was mich durch den Herbst und den Winter an Erfreulichem begleiten kann, leugne ich die Schattenseiten der kalten Jahreszeit nicht.

Es gibt Leute, die behaupten, ich sei unrealistisch. Sie finden dies, weil ich mich gegen das Anhören oder Lesen von Horror, Leid und Sensationellem abschirme und Konktate mit negativ eingestellten Menschen im Privatleben meide.

Seit ich selber weniger pessimistisch und negativ eingestellt bin, öffne ich mich vermehrt und bewußter dem Erbaulichen, das neben Schicksalsschlägen, Krankheit, Grausamkeiten und fehlender Liebe ebenso realistisch besteht. Ich betrachte dieses bewußte Abschirmen einerseits und bewußte Öffnen andererseits nicht als eine Weltflucht, sondern als ehrlichere Wahrnehmung. Ich will meine psychische Energie nicht verpuffen. Sind nicht eher jene lebensflüchtig, die sich auf Weltschmerz einlassen und sich verlieren in eine Welt, die sie nicht ändern können? Auf diese Weise können sie sich der Selbstverantwortung entziehen.

Während der letzten Wochen bin ich es mehr und mehr müde geworden, Schweres über mich ergießen zu lassen, was mich nicht betrifft und was ich nicht beeinflussen kann. Es ist nur dann sinnvoll für mich, auf das Leiden von Menschen einzugehen, wenn ich konkrete Hilfe anbieten kann.

Ich empfinde es als zermürbend und entmutigend, sich von tristen Sensationen berieseln zu lassen. Früher dachte ich, daß ich kein Recht hätte, Anteilnahme zu verweigern. Heute betrachte ich es als Pflicht — mir gegenüber —, mich abzuschirmen, wo ich mich mit Leid nicht direkt auseinandersetzen kann.

Worin besteht ein Zusammenhang zwischen meiner Haltung, was Natur und Wohnatmosphäre einerseits sowie Sensationslust und Leid andererseits betrifft?

Wo es unumgänglich ist, sich mit schweren, bedrückenden, destruktiven Fakten, Tatsachen (Beruf, Familie oder Verpflichtungen sozialer Art) zu befassen, sollten wir gezielt positive Gegenpole setzen, einen erbaulichen Ausgleich schaffen. Erstens, um sich nicht selber zu erschöpfen, zweitens, um Resignation zu vermeiden. Ich darf nie vergessen, daß trotz allem die Sonne scheint, Blumen blühen, Kinder geboren werden, auch wenn ich mich gedankenverloren, mit hängendem Kopf, nicht von Schwerem lösen kann. Sich die Vielfalt des Lebens stets gegenwärtig zu halten kann vor Pessimismus und chronischer Unlust bewahren.

Fragen zum Thema

Was habe ich an Negativem aufgenommen, womit ich direkt nichts zu tun habe?
   Wie bin ich damit umgegangen?
   Habe ich damit etwas Unverdauliches geschluckt?
   Was habe ich an Positivem aufgenommen?
   Habe ich mir bewußt etwas Positives geschaffen oder mir in Erinnerung gerufen?

Wenn das Wörtchen »wenn« nicht wär'...

Mallorca, 22. Oktober
Auf das, was ich jetzt erlebe, bin ich nicht gefaßt gewesen: auf Blumensträuße mit ihrem zauberhaften Duft, die ich zu dieser Jahreszeit noch pflücken kann. Die Farben sind weniger satt, doch das Grün und der Duft recht intensiv. Ich halte Geißblatt, Fingerhut, Schafgarben, Bougainvillea, Myrte und Oleander in den Händen und bin einen Augenblick fassungslos über die Vollkommenheit von Form, Farbe und Geruch.

Seit ich hier auf Mallorca bin, sind die Symptome meines Diabetes besonders heftig und unberechenbar geworden.

In der Fantasie stelle ich mir vor, wie es wäre, wenn ich gesund wäre oder wieder gesund würde.

Wenn ich reich wäre, würde ich mir ein Haus mit einem weitläufigen Garten kaufen; ich sehe die Parkanlage vor meinem inneren Auge. Oder, wenn ich einen Lebenspartner an meiner Seite hätte, ginge es mir an den Wochenenden viel besser. Oder, wenn ich gesund wäre, wäre ich der glücklichste Mensch. Wenn ich keine Kinder hätte, könnte ich als Frau meinem angestammten Beruf nachgehen; wenn ich Kinder hätte, dann müßte ich nicht außer Haus arbeiten gehen ...

Fühlen Sie sich von einer der geschilderten »Wenn«-Aufzählungen angesprochen, oder ziehen Sie eine Gedankenverbindung zu einem ähnlichen, Sie betreffenden, einem ähnlich illusorischen Wunschbild? Falls dem so ist, dann versetzen Sie sich mit der Fantasie in den Alltag der verwirklichten Situation.

Angenommen, Sie haben Millionen geerbt und sich Ihre Traumvilla ermöglichen können. Sie gehen keiner Tätigkeit mehr nach, weil Sie es nicht mehr als notwendig erachten. Ich bin überzeugt, daß Sie sich über ein selber finanziertes, wohl einfacheres Heim intensiver und länger freuen würden.

Oder: Sie vermochten den Lebenspartner endlich von der lang ersehnten gemeinsamen Wohnung zu überzeugen. Sie haben das Gefühl, für alles, was sie nun beschließen oder unternehmen, Rechenschaft schuldig zu sein, denn Sie leben in der Angst, den Partner wieder zu verlieren. Wie oft wohl würden Sie vom aufgegebenen Ungebundensein träumen?

Ich glaube, daß es nicht zufällig ist, in welchem Zustand oder Umstand wir leben.

Das Entscheidende ist, wie wir mit der Empfindung in bezug auf einen illusionären, ersehnten Seinszustand umgehen. Ein Beispiel: Wenn ich mir als Mutter von drei kleinen Kindern vorstelle, wie gern ich einer beruflichen Tätigkeit außerhalb meiner vier Wände nachginge, kann ich mir gleichzeitig ausdenken, wie ich zu einem späteren Zeitpunkt meine Tätigkeit im angestammten oder in einem andern Beruf wieder aufgreife. Ich kann realistisch planen, wie ich die jetzige Zeit — mit den Möglichkeiten, die sich tatsächlich anbieten — gestalte, und mich am momentanen Muttersein freuen. Fixiere ich mich jedoch darauf, jetzt das Ungebundensein zu wünschen, erschwere ich Gegenwart *und* Zukunft. Die Gegenwart erlebe ich als lästiges »Muß« (eventuell als Unterforderung) und beraube mich selber der Energie und des Mutes, später etwas Neues aufzugreifen. Es ist zu unterscheiden zwischen der Flucht in Fantasie und dem träumenden Planen, das mit geduldigen, sachten Schritten zum Wunschziel hinführt. Lasse ich die Fantasie eines Zukunftstraumes als etwas zu, das ich nicht jetzt verwirklichen, umsetzen oder bewältigen muß, kann ich mich besser auf die Gegenwart einstellen.

Ich kehre zur Sinnhaftigkeit eines jeden Seinszustandes zurück. Wenn ich nicht zuckerkrank geworden wäre, würde ich mich über viele meiner Möglichkeiten wie Ausgehen, Reisen, Arbeit, Essen weniger intensiv freuen, weil sie selbstverständlich wären. Ich hatte das Glück, jene Selbstverständlichkeit während vieler Jahre erlebt zu haben. Der Sinn einer Krankheit kann zum Beispiel darin liegen, den eingeschränkten Lebensgenuß stärker spüren zu können.

Sich auf die Verwirklichung eines unerfüllbaren Wunschtraumes zu fixieren zehrt Energie, macht unzufrieden und verbittert. Die Fantasie jedoch als Spiel zuzulassen kann erfrischend und kreativ wirken. Nehmen wir an, ein illusorischer Wunschtraum könne realisiert werden, dann bleibt dieses Glück oft auf der Strecke beziehungsweise nicht ungetrübt. Bedeutet Glück Karriere und materiellen Gewinn, setzt es unter Druck, weil es erhalten werden muß. Im Falle der Partnerschaft wird der Zwang zur Überanpassung übermächtig. Die Mutter fühlt sich schuldig, weil Sie sich durch eine Tätigkeit außer Hauses ihrer Mutterrolle entzogen hat.

Zum Thema eine gelebte Situation: Eine Frau wünscht sich Kinder, übt jedoch eine anspruchsvolle Tätigkeit aus, die ihr Freude bereitet. Erfüllt sie sich nun den Kinderwunsch, dann ist sie gezwungen, ihren Alltag anders zu gestalten. Bei der Vorstellung, wie sie ihre Kinder in den Schlaf singt, wie sie mit ihnen spielt, sie beschenkt und liebkost, wie die Kinder sie brauchen, um geborgen zu sein, wird sie wehmütig. Bei der Vorstellung vom Alltag erschrickt sie, denn ihr Pflichtbewußtsein würde sie zwingen, sich mit quengelnden Kindern und mit der Alltäglichkeit als Mutter und Hausfrau anzufreunden. Es würde ihr schwerfallen und viel Verzicht von ihr fordern. Bleibt sie sich ihrer Möglichkeiten als ungebundene Frau bewußt und läßt sie gleichzeitig der Fantasie des Mutter-

seins spielerischen Lauf, dann gelingt es ihr, ihren Seinszustand zu relativieren, zufrieden zu bleiben oder gelassen zu werden. (Übung zum Thema auf Seite 172.)

Selbstbewußtsein?
Selbstgefälligkeit?

Mallorca, den 23. Oktober

Gestern, am frühen Morgen, bin ich lange am einsamen Sandstrand gewandert.

Die lebhafte Brandung umspült meine nackten Füße, und der Wind scheint meinen Körper durchdringen zu wollen. Die Sonne wärmt mich wohlig, und die Sicht in unendliche Weiten, in die Uferlosigkeit des Meeres, macht frei und glücklich, dankbar auch. Durch die stürmische Wetterlage erhalte ich eine anstrengende, tief wirkende Massage; sie ermüdet und regeneriert zugleich. Bin ich ein Glückspliz, daß ich, ohne eigenes Dazutun, hier solches Wohlbehagen erleben kann!

Ich suche Muscheln, Steine und Meerschneckenhäuser, die ich mitnehmen will. Neben meinem Bett daheim ragt ein massiver, dunkler Balken aus der Wand. Er ist zum Ort geworden, wo sich Schätze aus der Natur angesammelt haben. Von eigenen Reisen als auch von Menschen, die auf ihren Reisen an mich gedacht haben, stammen Kostbarkeiten wie speziell geformte oder gefärbte Steine, Muscheln, Tannzapfen und Moose. Bei jedem Aufwachen und Einschlafen freue ich mich über den Anblick, denke innig an die Spender und tauche in glückliche Erinnerungen ein.

Heute will ich dasselbe wieder erfahren wie gestern: Freudig breche ich auf. Nachts war ein heftiges Gewitter über die Insel gezogen, und die Folge davon ist die jetzt tobende, lebensgefährliche Brandung. Die Wellen schlagen weit über den Küstenpfad und reißen beim Rückfluß Teile davon mit sich. Ich stehe, bin überrascht und enttäuscht. Es ist kalt. Mich fröstelt, und leise Trostlosigkeit beschleicht mich. Ich stehe und warte noch immer. Endlich kommt der Einfall: Auf einem Umweg durch den Pinienwald werde ich auf einen Sandhügel gelangen und von dort die Weite, den Wind und die Sonne genießen, nur auf das Fußbad und die damit verbundene erfrischende Unterwassermassage werde ich verzichten müssen.

Der Umweg wird viel riskanter, mühevoller und länger, als ich mir vorgestellt habe. Mir wird dennoch nicht nur Weite, Wind und Sonne beschert, sondern auch meine Füße erhalten ihre Massage im Sand.

Ich setze mich beglückt und wohlig erschöpft auf eine Düne, blicke träumend aufs offene Meer und werde zu Über-

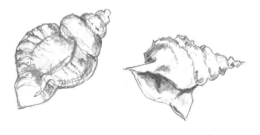

legungen angeregt: Im Volksmund wird der Begriff Selbstbewußtsein meist sinnwidrig, falsch angewandt. Viele brauchen das Wort und meinen damit Selbstgefälligkeit oder Selbstherrlichkeit.

Dieser Mißbrauch führt dazu, daß die Entwicklung eines gesunden Selbstbewußtseins aus Angst vor Selbstgefälligkeit abgeblockt wird. Warum werden Fremdbestimmung (Überanpassung) und Manipulierbarkeit (keine eigene Meinung) vorgezogen?

Ich denke an die fleißigen Männer, die noch mehr als Frauen dazu tendieren, Selbstgefühl als etwas Sentimentales, Verwerfliches, Verweichlichtes zu verurteilen. (»Ich bin doch nicht narzißtisch!«) Sie merken nicht, wie sich ihr Selbstbewußtsein jahrzehntelang auf ihre Leistung, ihre Karriere, ihren materiellen Erfolg und dessen gesellschaftliches Echo beschränkt hat. Fällt dies alles infolge von Pensionierung oder andern Umständen weg, brechen diese Menschen innerlich (Erschöpfungsdepression) oder äußerlich (physische Erkrankung) zusammen. Selbstbewußtsein und Selbstwertempfinden gehen in diesem Moment verloren. Bei dieser Art von Selbstbewußtsein ging auch der Selbstwert verloren, weil er ausschließlich auf gesellschaftlicher Anerkennung begründet war. Selbstbewußtsein und Selbstwert sind nicht immer ein und dasselbe.

Eine Analogie dazu in der Liebesbeziehung: Ich liebe dich, wenn du so oder so bist. Die entsprechende Bestimmung kann da sehr gut auf dem Gebiet der gesellschaftlichen Anerkennung liegen. Anders gesagt: Jemand liebt den Partner um einer Eigenschaft willen, um die er sich bemühen mußte, und nicht, weil er ganz einfach da war. Wenn ich Selbstwertgefühl nur mit gesellschaftlicher Anerkennung verbunden erlebe, begebe ich mich in die totale Abhängigkeit von meinem Umfeld; das Selbstwertgefühl bleibt so lange erhalten, als die Reaktion der Umgebung stimmt, diese mich im weitesten Sinne gut findet.

Basiert mein Selbstwertgefühl jedoch auf gesunder Selbsteinschätzung, kann es in jeder Situation — durch die Auseinandersetzung mit mir selbst — wiedererlangt werden. Früher habe ich an freien Wochenenden Stimmungskrisen erfahren, deren Ursachen mir lange verborgen blieben. Nach langer Zeit des Rätselns habe ich realisiert, daß ich leistungs- und anerkennungssüchtig bin. Ich habe mich nicht darüber freuen können, einfach zu sein, zu genießen. Mein ganzer Selbstwert, ja meine Daseinsberechtigung und Sinnerfüllung haben sich auf meine Produktivität beschränkt, was von mir nur an der Leistung gemessen wurde.

Ich kehre zu meinen eingangs geschilderten Spaziergängen zurück. Mein gestriger Spaziergang war zugefallenes, wohliges Selbsterleben, beim heutigen habe ich nur auf dem Umweg des Überlegens und Auseinandersetzens mit der unerwarteten Situation zu Wohlbehagen gelangen können. Ich hätte mich auch frustriert der schlechten Witterungslage (bzw. Konflikten in Beruf oder Privatleben) unterwerfen können. Wer sich in Geschäftigkeit für die Außenwelt verliert, dem fehlen die Ideen, sein alltägliches Wohlbefinden selbst zu steuern. Ich denke vor allem an Entspannung und Eßgewohnheiten.

Ich greife die Bedeutung des passiven Selbstwertgefühls nochmals auf. Selbstwert sollte regelmäßig auch im Sinne eines Geschenks empfunden werden. Auf diese Weise kann krankmachender, selbstauferlegter Leistungsdruck vermieden werden. Ich denke an die sich für unentbehrlich haltenden Geschäftsleute und Mütter.

Selbstbewußtsein hat man nicht — man lebt es

Mallorca, 24. Oktober
Während ich auch heute mein Blumenbouquet auffrische, indem ich Verblühtes herausnehme, Neues hinzufüge und frisches Wasser nachfülle, befällt mich Sorge um meinen kleinen Garten zu Hause: Jeden Morgen pflege ich auf die Terrasse zu gehen, um ihn zu wässern, die Erde zu lockern, das Verblühte auszubrechen und meine Pflanzen zu bewundern.

Weil ich mich im folgenden eines Bildes aus der Natur bediene, schreibe ich über den Garten daheim.

Ich bin nun seit einiger Zeit abwesend. Nach meiner Rückkehr werde ich aber als erstes in mein Blumenreich gehen. Werde ich erschrecken? Unkraut hat sich wuchernd breitgemacht, droht die zarteren Pflanzen zu ersticken. Einige Stauden werden verwildert, zum Teil verdorrt sein ...

Jeden Tag waschen wir uns, putzen mehrmals die Zähne, in regelmäßigen Abständen pflegen wir Haare und Nägel (die der Füße meist seltener als die der Hände, weil man sie ja weniger sieht, ähnlich ist es mit der Fuß- und Gesichtspflege).

Wir alle haben schon erfahren, wie sich in Schreckmomenten der Herzschlag beschleunigt, daß Aufregung die Blase reizt, etwas den Magen zusammenzieht. Der Körper wird von Stimmungen, von Gefühlen manipuliert. (Übung auf Seite 173.)

Wie unlogisch verhalten wir uns also, wenn wir die regelmäßige Pflege des Körpers ernst nehmen, jedoch die des Geistes und der Seele nicht, obwohl wir täglich erfahren, daß unser Gemüt den Körper beherrscht.

Immer mehr Kurse in Selbsterfahrung werden angeboten und besucht, Bücher über Persönlichkeitsentwicklung begeistert verschlungen. (Werden sie wohl gut verdaut?) Obwohl sich viele durch Bewußtseinserweiterung für einen Augenblick freier fühlen und ahnen, wieviel seelische Behaglichkeit daraus erwachsen kann, lassen sie das Erfahrene doch wieder einschlummern.

Wir leben oder dösen in einer Zivilisation, die pausenlos von uns ablenkt und dazu verführt, unser Bewußtsein auf das Umfeld zu fixieren, anstatt das Bewußtsein von uns ausgehend auf unser Umfeld auszudehnen. Bevor etwas weitergegeben werden kann, muß es Fuß (Wurzeln) gefaßt haben. Aus einem gepflückten Fruchtknoten wird kein Apfel mehr.

Hesse schreibt in seiner indischen Dichtung »Siddharta«, wie dieser Suchende den harten Weg einer innern Stille, Ruhe und Zuflucht eingeschlagen hat. Siddharta findet so Heimat bei sich selbst. Trotz intensivster Verinnerlichung ist er später wieder vom Pfad der Erkenntnis abgewichen. Hesse beschreibt dieses Abschweifen oder Rückfallen wie folgt: »Langsam hatte Siddharta selbst etwas von der Art der Kindermenschen angenommen, etwas von ihrer Ängstlichkeit. Und doch beneidete er sie desto mehr, je ähnlicher er ihnen wurde. Er beneidete sie um das, was ihm fehlte. Er beneidete sie, weil sie ihre Wichtigkeit hatten, welche sie ihrem Leben beizulegen vermochten. Er beneidete sie um die Leidenschaft ihrer Freuden und Ängste, um das bange Glück ihrer ewigen Verliebtheit, die Verliebtheit in sich selbst, in Frauen, in Ehre oder Geld, in Pläne oder Hoffnungen verliebt sind diese Kindermenschen immerzu ...«

Siddharta geriet in diese Stimmungslage, weil er von seiner gewonnenen Bewußtheit wieder abdriftete, sie nicht mehr regelmäßig lebte und pflegte, sich an sein Umfeld verloren hatte, statt seine Selbstbewußtheit allmählich auf sein Umfeld auszudehnen. Er hat, wie die meisten von uns, den absoluten Weg gewählt. Er hat zunächst die asketische Verinnerlichung gelebt, sich danach an das andere Extrem, an lustvollen Überfluß verloren. Erst nach dem Durchleben dieser Extreme fand er den goldenen Mittelweg, *seinen* Weg.

Ich kehre zur Ausgangsfrage zurück: Warum schlagen so viele den verinnerlichten Weg ein, um Heimat, Sicherheit und Geborgenheit bei sich selbst zu finden, und kommen dennoch wieder davon ab? Weil sie tägliche, regelmäßige Bewußtseinspflege unterschätzen und dadurch vernachlässigen.

Kaum aufgewacht, verlieren wir uns in Geschäftigkeit. Wir sorgen uns, und viele lehnen sich insgeheim auf, weil sie zur Arbeit gehen müssen. Wir befassen uns derart stark mit Äußerem, daß das Bewußtsein über uns selbst abhanden kommt (Ängste im Zusammenhang mit Pflicht und Verantwortung). Wir merken nicht, daß Geborgenheit in uns selbst verlorengeht. Daß Freundschaft Vertrautheit miteinschließt, verstehen wir. Daß wir diese Geborgenheit und das Vertrauen zu uns selbst vernachlässigen, statt täglich zu pflegen, ist jedoch vielen nicht bewußt. Ich gehe soweit zu sagen, daß wir Selbstbewußtsein nicht vom Tag X an haben, sondern es leben müssen, was tägliche Pflege bedeutet. Es ist eine Illusion zu glauben, daß das Erreichen des Berufs-, Karriere- oder Finanzziels Selbstbewußtsein und Selbstsicherheit garantiere. Solange wir geistig rege sind, solange wandelt sich unser Bewußtsein. Ich glaube, wer täglich — und wenn es nur während weniger Minuten ist — sich der Verantwortung für sich, seiner Gegenwart und Vergänglichkeit in körperlich und seelischer Gegenwart und Vergänglichkeit in körperlich und seelischer Entspanntheit, ohne etwas anderes zu denken, bewußt ist, der kann zu innerer Ruhe und Gelassenheit gelangen. Wochenend- und Ferienkurse sind hilfreiche Ausgangsbasen, doch reichen sie nicht aus. Ebensowenig, wie das Wochenend-Jogging für den Körper einen ausreichenden Ausgleich für eine bewegungslose, angespannte Arbeitswoche bietet. Oft hängt das Ausmaß von Verantwortung und Verpflichtungen, die jemand für andere übernimmt, mit einer Vernachlässigung seiner selbst zusammen.

Sich das eigene Selbst regelmäßig und täglich in Erinnerung rufen, das ist das Fundament. Da beginnt kein Unkraut zu wuchern, und die Pflanzen Geist und Seele verwildern nicht ...

Weder darf die Pflege des Körpers noch die des Geistes unterbrochen werden. Sobald ich gesund abzugrenzen verstehe, kann ich mein Selbstbewußtsein allmählich auf das Umfeld ausdehnen. Ich meine damit dauerhaftes Unterscheidungsvermögen zwischen der Außenwelt und mir. Ich schließe die Fähigkeit des Relativierens mit ein. (Übung zum Thema auf Seite 173.)

Wohltuendes aus Bequemlichkeit unterlassen

Mallorca, den 26. Oktober

Seit ich hier bin, ist der ersehnte morgendliche Strandspaziergang zur Gewohnheit geworden.

Heute morgen tobt der Wind wie während meines ganzen Aufenthaltes nie. Ich möchte in der kuschligen Wärme meines Hotelzimmers bleiben. Ich raffe mich trotzdem auf. Der stürmische Wind massiert mich, fordert Muskeln und Atmung heraus. Mir wird dabei bewußt, daß keine Hände den Körper so gleichmäßig entspannen können wie dieser Sturmwind.

Es ist auch der erste Morgen, an welchem ich keinem einzigen Menschen begegne. Der Strand, an dem ich mich aufhalte, ist einsam, doch begegne ich sonst immer einzelnen Spaziergängern; Sturm und Kälte halten auch diese wenigen von ihrer Morgenwanderung ab.

Gedankenversunken kämpfe ich gegen den Wind und merke, wie ich früher vieles, was mir hätte wohltun können, aus Unbedachtheit oder Bequemlichkeit unterlassen habe — körperliche, seelische und geistige Pflege. Wie wohl hätte mir ein entspannendes oder belebendes Bad nach einem strengen Arbeitstag getan. Ich denke an einen selbstgepflückten Wiesenstrauß, das Murmeln eines Baches oder an das harmonische Strömen eines Flusses. All dies vermag innere und äußere Gespanntheit zu lösen. Kreative Gedanken, gar Entscheidungen und Problemlösungen, entstehen oft aus einem solchen Loslassen. Früher war ich so verfangen und verbissen in das Wälzen beruflicher Probleme, daß ich nicht auf die Idee kam, nach Feierabend gezielt umzuschalten. Ich habe mich dadurch noch mehr ermüdet. Es hat nichts Produktives dabei herausgeschaut. Heute, so fühle ich, bin ich für Wohltuendes viel zugänglicher und offener. Ich möchte mich noch verstärkt aus Gedankenlosigkeit aufrütteln, noch mehr Bereitschaft wecken, allem, womit ich in Berührung komme, bewußter entgegenzutreten. Alles, was ich bewußt, nicht zufällig bejahe, kann mich fördern, mich lehren. Es muß mir nicht in erster Linie schaden, auch wenn es manchmal diesen Eindruck erweckt. Selbst Verluste und traurige Ereignisse können zur Chance werden, wenn ich sie nicht unbewältigt verdränge. Mögen eine Situation oder ein Tatbestand negativ sein: Sobald ich mich damit befasse, mich bestmöglich darauf einstelle, entsteht daraus persönliche Freiheit. Das betrifft Krankheit, Beruf, Beziehungskonflikte und fördert das Offenbleiben für Impulse von außen. Wenn ich an einer schweren, unheilbaren Krankheit leide, kann ich mich dagegen auflehnen, will sie bekämpfen, verkrampfe meinen ohnehin geschwächten Körper und belaste ihn zusätzlich. Im Gegensatz dazu kann ich mir überlegen, was ihm wohltun könnte, und ich sage ja zur

Störung, an der er leidet, lasse aber gleichzeitig Ideen positiver Beeinflussung des Krankheitsverlaufes aufkommen. Was den eingangs erwähnten Spaziergang anbelangt, fühle ich mich heute während des ganzen Tages wohl. Hätte ich mich nach dem Lustprinzip in meinem Zimmer verkrochen, wäre ich im Hotel geblieben, dann wäre daraus wohl ein langweiliger, trüber und grauer Tag geworden. Ich hätte mich körperlich und geistig träge und freudlos gefühlt. Mein Leben ist aber zu kurz, um einen freudlosen Tag zuzulassen.

Gönnen Sie sich an einem kalten, trüben Tag einen Spaziergang oder ein entspannendes Bad.

Woher in der Trauer Kraft holen?

Allerheiligen, 1. November
Zurückgekehrt nach Zürich, räume ich meinen kleinen Dachgarten.

Während ich Pflanzenüberreste abschneide und aus der Erde nehme, rufe ich mir die vergangene Blütenpracht nochmals in Erinnerung. Viele Morgenstunden ziehen an meinem geistigen Auge vorbei, Stunden, welche auch die innere Helligkeit von Sommertagen mitgeprägt haben. Ich hatte mir zur Gewohnheit gemacht, mich als erstes am Tag den Pflanzen im Dachgarten zu widmen. Während des Gießens freute ich mich an Farben und Düften. Wunderbar war es auch, an lauen Sommerabenden bei Einbruch der Nacht auf der Terrasse zu sitzen. Ich erlebte so viele Überraschungen: Pflanzen, von denen ich angenommen hatte, sie seien erschöpft, blühten erneut auf;

bei anderen wartete ich umsonst auf die Blüte. Auch viele Insekten, Bienen, Hummeln, sogar Schmetterlinge und Libellen besuchten mich mitten in der Großstadt. Während ich abräume, beschleicht mich leise Wehmut und Trauer. Die nackte Erde, die ich lockere, säubere und zerkleinere, erinnert mich an Gräber geliebter Menschen. Die Brachzeit des Winters liegt vor uns.

Die Pflanzenerde ist inzwischen vorbereitet. Ich stecke 150 Blumenzwiebeln ein und stelle mir dabei die Blumenpracht im Frühling vor. Riecht es nicht bereits nach Hyazinthen und Narzissen? Der lange, dunkle Winter ist Realität; genauso wie der darauf folgende Frühling.

Ich habe viel über Trauer und Trauerarbeit gelesen und in meinen Büchern darüber geschrieben. Ich begreife noch immer nicht, was es beinhalten soll, dieses Trauern oder das Zulassen von Traurigsein. Bedeutet es dasitzen und weinen bei Tod, Krankheit, Beziehungsverlust, Arbeitslosigkeit oder materieller Einbuße? Ich habe früher über die Wichtigkeit des Wissens um Vergänglichkeit bei traurigen, schmerzhaften Ereignissen geschrieben. Ich glaube, daß dieses Wissen ausschlaggebend werden kann, um sich nach einem Verlust neu orientieren zu können. Wenn mich heute etwas Schreckliches trifft,

kann die Frage, wie ich in sechs Monaten darüber denke, sehr hilfreich sein.

Die Frage, die sich mir im Augenblick stellt, ist die, woher die Kraft zur Neuorientierung genommen werden soll, wenn man urplötzlich in der Dunkelheit einer Krise sitzt. In einer Dunkelheit hadert oder vegetiert, in der man so friert, daß man glaubt, sich nie wieder am Leben freuen zu können. Wie für alle schweren Lebenssituationen gilt auch für die Trauer: Es ist illusorisch anzunehmen, daß man zum Beispiel mit panischer Angst umgehen könne, ohne sich in angstfreien Augenblicken mit ihr auseinandergesetzt zu haben. Ich bin überzeugt, daß selbst der Tod eines geliebten Menschen an Schrecken verliert, wenn man darüber spricht. Wenn der Tod totgeschwiegen wird und wir überrumpelt werden, kann es zu vorwurfsvoller Auflehnung kommen: »Du hast mich einfach verlassen.« Schuldgefühle, weil man dies oder jenes unterlassen hat, können uns lange bedrücken. Ich habe massiv unter einer solchen Vorangst gelitten und mich dauernd von ihr überschattet gefühlt. Ich habe mit dem betreffenden Menschen darüber geredet und danach erfahren, wie der eiserne Ring um meinen Brustkorb gesprungen ist. Dieser Mensch wird in allem, was er in mir durch seine Gegenwart, durch gemeinsames Erleben, ausgelöst hat, für mich weiterleben.

Auch in weniger drastischen Situationen verhält es sich so. Wenn ich mich mit ihnen befasse, bevor sie aktuell sind, reagiere ich viel gefaßter. Wenn ich mir im Alltag in Erinnerung rufe, daß möglicher Verlust ein ständiger Begleiter ist, wird das Annehmen von Dunkelheit oder Schicksal vertrauter, selbstverständlicher, zum Leben gehörig. Damit ist jedoch nicht ständiges Bangen gemeint, denn eine solche Lebenshaltung ist mit Panik verbunden, die blendet. Ich rede von einem nüchternen, realitätsbezogenen, gelösten Denken. Die Leserin mag entgegnen, daß man sich dadurch jeder unbeschwerten Freude beraube. Das Gegenteil ist der Fall: Weil angstfreier, wird das Leben freudvoller. Dazu eine Situation aus dem Alltag: Frauen haben oft Angst, nachts alleine durch die Straßen zu gehen. Es werden dermaßen viele Greuelgeschichten erzählt, daß bei vielen Frauen die Grenze gesunder Angst vor Gefahr weit überstiegen wird. Wenn ich mir überlege, wie ich mich bei drohender Gefahr als Frau verhalte, kann ich innerlich erstarken und werde im kritischen Moment nicht gelähmt aus der Fassung geraten, sondern geistesgegenwärtig, gefaßt reagieren. Ich selber bin überfallen worden und habe dabei erlebt, daß dieses Lernen nicht Theorie bleiben muß.

Warum Freude intensiver werden kann, wenn ich weiß, daß auch Trauer und Dunkel zum Leben gehören?

Einerseits bin ich offen für alles Schöne; ich genieße eine warme Wintersonne zwischen nebligen Tagen intensiver als die alltägliche Sonne eines heißen Sommers. Andererseits kann dies vermeiden, daß ich verbittert oder resigniert oder zur Sammlerin negativer Erfahrungen werde. Beispiele dafür sind die Verbitterten, die behaupten, sie seien für die Schattenseiten des Lebens bestimmt. Sie sind es geworden, weil sie sich mit dem Schweren und Bedrückenden nicht oder zuwenig auseinandergesetzt, sondern es einfach »eingesteckt« statt durchlitten und sich dann neu orientiert haben. Je mehr durch Herunterschlucken angehäuft wird, je größer die Sammlung negativer Erfahrungen, desto verbitterter und verschlossener wird der Mensch.

Ich kehre zur Frage zurück: Woraus kann die Kraft, Schweres zu überwinden, geschöpft werden? Einmal aus dem alltäglichen Bewußtmachen der Vergänglichkeit von Schatten und Licht. Es ist hilfreich, wenn ich mich immer wieder daran erinnere, daß ich Schwerem nicht gänzlich ausgeliefert bin; es liegt an mir, den Verlauf mitzubestimmen, vor allem aber Spätfolgen wie Verbitterung und Resignation abzuwenden, falls ich mich in guten Zeiten vorbereite.

Ich werde beim Räumen des Gartens unangenehm an den Tod gemahnt. Daß der Winter begonnen hat, ist Realität. Gleichzeitig habe ich für den Frühling vorbereitet. Das ist ebenso Realität.

Wenn man trotzdem lacht

10. November

Ungewohnte Geräusche reißen mich aus dem Tiefschlaf. Es tönt wie Holz, das geschleppt wird. Das kann mitten in der Stadt doch nicht sein? Ich gehe ans Fenster und nehme im Dunkel der Gasse die Umrisse emsiger Menschen wahr: Heute ist Martinimarkt. Innerhalb weniger Stunden sind die Auslagen der Marktstände beleuchtet, und Duftwolken von Karamel, Zuckerwatte, Zuckermandeln und heißen Marroni schweben zu mir empor. Während des Tages stehe ich immer wieder am Fenster und schaue dem lustigen Treiben zu; wie wohltuend ist der Anblick so vieler genießender Gesichter. Wenn ich an die stumpfen Mienen morgens in der Straßenbahn denke!

Meine Gedanken schweifen weiter, zu Frohem, Lustigem. Sobald die ersten Sonnenstrahlen am Horizont auftauchen, gleiten sie auch in meinen Garten auf dem Dach über meiner Wohnung. Während des ganzen Tages verweilt die Sonne da, und die Strahlen der untergehenden Sonne verzaubern die Pflanzen mit einem goldenen Schimmer.

In meiner Wohnung verhält sich dies anders. Sie ist zwar hell und licht, doch gelangt die Sonne nur während beschränkter Stunden in ihre hintersten Winkel. Heute morgen strahlt sie mich an, und ich freue mich um so mehr, weil das in dieser Jahreszeit selten ist. Wie oft ist mir morgens nach Sonne zumute! Ich habe mir früher diesen Genuß oft verwehrt, weil ich meinte, ich müßte zuerst meiner Tätigkeit nachgehen. So habe ich die Sonne oft während des ganzen Tages gar nie direkt gesehen. In Wirklichkeit hätte das eine das andere nicht ausgeschlossen. Mit Sicherheit beginne ich einen Arbeitstag anders, wenn ich mich erst von der Sonne innen und außen wärmen lasse, als wenn ich angespannt geschäftig bin. Ich lache gern, doch mein Pflichtbewußtsein verbietet mir das Lachen oft. Gedankenverloren lasse ich mich von der Ernsthaftigkeit des Lebens so vereinnahmen, daß ich manchmal humorlos bin. Ich habe mich aber auch dabei ertappt, daß es mich peinlich berührte, wenn ich in Erinnerung an eine lustige Begebenheit auf der Straße schmunzeln mußte. Ich bin oft auf mein Pflichtbewußtsein fixiert und merke nicht, was mir an Fröhlichem entgeht. Ohne mir dessen bewußt zu sein, wende ich das Gesicht von der Sonne ab, die mich anlacht. Ich lasse mir zuwenig Zeit und Raum zu Selbstironie und gesundem Relativieren.

Verwehren sich nicht viele auf diese Weise gelöste, humor-

volle Lebenslust? Wir tun es, bis das Manko ein Ausmaß erreicht, das zu falschem Humor zwingt. Mit falsch meine ich Blödelfilme mit Situationskomik, die im Grunde eher Abstoßendes enthalten, oder Witze über Geistesschwache und oberflächlichen, billigen Humor. Mehrmals bin ich ins Kino gegangen, um einen, laut Inserat, erheiternden Film anzuschauen. Ich bin hereingefallen, das Geschehen auf der Leinwand war nur geist- oder geschmacklos und überhaupt nicht lustig, geschweige denn erheiternd. Eben steigt eine gegenteilige Erinnerung in mir auf: »Es lebe das Leben«, ein Film, der einen Eindruck vom harten Leben der Menschen in Südamerika vermittelt. Trotz aller Härte dominiert fröhliche und kraftvolle Musik, die für mich Beweis dafür ist, daß ein hartes Dasein nicht ohne Humor sein muß.

Warum sich nicht vermehrt Lustigem zuwenden?

Warum im Winter der Sonne nachtrauern?

Mit meiner Überlegung zum Lachen und zur Sonne möchte ich größere Bereitschaft wecken, jeden Augenblick den Gedanken an Ganzheit und Einheit, an Harmonie und Relation wachzuhalten. Ich möchte offen sein, mir des Augenblicks und der Vergänglichkeit bewußt bleiben und auf diesem Weg zu natürlicher Selbstironie und gesunder Selbsteinschätzung gelangen.

Ich frage mich, ob sich im weitverbreiteten Phänomen des Neids ein ähnlicher Mechanismus abspielt: Wenige können sich von Herzen über das Wohlergehen oder den Erfolg anderer mitfreuen. Sie können es nicht, weil sie absorbiert sind von dem, was sie möchten, nicht oder noch nicht erreicht haben, und vergessen dabei, was sie bereits haben. Mit dieser Lebenshaltung suchen sie krampfhaft nach Vergleichen, nach Benachteiligung oder erleben sich als schwächer und »müssen« darum neidisch sein. Wenn ich mich als Kranke nicht darüber freuen kann, was mir an eigener Aktivität möglich ist, kann ich mich auch nicht freuen, wenn mein Partner wohlig erschöpft von einer wundervollen Bergtour zurückkehrt. Es liegt an meiner Einstellung.

Seit ich am Morgen als erstes in meinen kleinen Garten gehe, fühle ich mich viel besser, freier und beschwingter. Auch ein liebevoll gepflegtes Blumenkistchen auf dem Fenstersims kann ähnliche Gefühle auslösen, wenn wir uns Zeit nehmen, es zu bewundern. (Übung zum Thema auf Seite 174.)

Psychischer Wandel muß nicht entzweien

14. November

Ich flaniere in einer großen, weitläufigen, verspielt angelegten Parkanlage. Eine frohe Kindheitserinnerung taucht auf: Ich durfte mit meiner Mutter — ganz allein mit ihr — einen Ausflug unternehmen. Wir fuhren mit dem Schiff zur Brissago-

Insel mit ihrem paradiesischen Park. Schon damals als Fünfjährige hatte ich eine Vorliebe für Pflanzen und Düfte. Vom Angebot der Farben und Formen überwältigt, war ich meiner Mutter davongerannt. Ich kannte keine Angst vor der Gefahr, mich zu verlaufen oder sie aus den Augen zu verlieren. Meine Mutter jedoch war mir erschrocken nachgelaufen, denn die Anlage war verwinkelt und von hohen Pflanzen überwachsen. In diesem Labyrinth hatte mich meine Mutter schnell aus dem Blickfeld verloren. Als sie mich einholte, ließ sie mich unter der Bedingung wieder laufen, daß ich nicht außer Hörweite gehen dürfe und ihr antworten müsse, wenn sie mich rufe.

Unter den Menschen, die mir begegnen, gibt es solche, die in einer guten Partnerschaft leben und den Wunsch nach Veränderung der eigenen Persönlichkeit hegen. Es muß kein Leidensdruck zugrunde liegen; oft ist es einfach ein tiefes Bedürfnis nach Wachstum und Wandlung.

Wenn sich ein Mensch stark verändert, kann es sein, daß er sich innerlich mehr und mehr von Angehörigen entfernt, daß sogar eine Entfremdung stattfindet. Bei Partnerschaften ohne Seelenverwandtschaft kommt es zu einem natürlichen Auseinanderleben, wenn die erste blinde Verliebtheit vorbei ist. Es gibt aber auch Liebesbeziehungen, deren Bande so echt und tief sind, daß es nicht zur Entfremdung kommen darf.

Wie kann das verhindert werden, wenn der eine Teil sich aktiver oder bewußter wandelt als der andere?

Es mag Lebensphasen geben, während deren sich eine Mauer zwischen den Liebespartnern aufzurichten scheint. Wenn ich aus Angst, den Partner zu verlieren, kopflos über diese Mauer klettere, stürze ich möglicherweise ab. Es ist die

Situation, in der ich den Partner, der sein Bewußtsein zu erweitern sucht, in seinem Prozeß bedränge. Eine Möglichkeit, sich nicht zu verlieren, besteht in der regelmäßigen Information und Kommunikation. Durch Rufe über die Mauer bleiben die Partner je über den Standort des andern auf dem laufenden. Gleichzeitig müssen beide sich gegenseitiges Vertrauen zugestehen und einander lassen. Die Orientierung geht nicht verloren. Irgendwann gelangen beide zum offenen Tor in der Mauer, wo sie sich wieder in die Arme schließen – vorausgesetzt, daß die Beziehung auf echter Liebe basiert.

Es ist wichtig, daß jeder seinen Weg geht. Angst vor Verlust darf die Entwicklung nicht blockieren. Gleichzeitig muß der regelmäßige Kontakt über inneres Geschehen aufrecht erhalten bleiben, sofern der weitere Weg mit dem Partner gewünscht wird.

Weil ich mich erinnere, was mich meine Mutter damals gelehrt hatte, habe ich das Bedürfnis, sie anzurufen. Ich werde mir bewußt, wie sie mich meinen Weg gehen ließ. Wahrscheinlich hatte dieses Loslassen es ermöglicht, daß ich sie heute weniger als beschützende Mutter, sondern vielmehr als interessante, lehrende und zuverlässige Freundin erlebe.

Besänftigen statt auflehnen

20. November

Seit Tagen flimmern wieder Farben vor meinen Augen. Während Jahren habe ich bei diesen Sehstörungen öfter das Bewußtsein verloren. Erst auf den Notfallstationen verschiedener Spitäler habe ich wieder wahrnehmen können, wer ich war und was passiert sein mußte.

In meiner Angst hatte ich hyperventiliert (zu schnelles und zu hastiges Atmen, das biochemische Veränderungen im Blut zur Folge hat und zu Ohnmachtsanfällen führen kann).

Jahrelang habe ich mich damit befaßt, Wege zu finden, die jene mit Todespanik verbundenen Attacken löschen könnten. Ich habe nach Auslösern gesucht. Ich habe auch welche gefunden; immer mehr, bis ich an einen Punkt gelangte, an welchem ich mir vorkam wie ein Auto in Revision: Mängel werden aufgedeckt, die bis zu ihrer Offenlegung gar keine Störfaktoren gewesen waren. Ich habe dieses Suchen aufgegeben.

Gewiß ist analytisches Hinterfragen bei psychosomatischem Geschehen nötig. Was mir in der Praxis an Beispielen von neurovegetativen Herzstörungen und Hyperventilationen auffällt: Die meisten Patienten bleiben in Panik und Suche stecken; sie fixieren sich verzweifelt auf ein »nie mehr«.

Parallel zur Analyse ginge es um die vertiefte Überlegung, was im Körper tatsächlich vorgeht und wie diese Vorgänge aus eigener Kraft beeinflußt werden können. Ich erläutere es an der Hyperventilation, einem Panikzustand, in welchem der Betroffene zu ersticken glaubt: Der oder die Hyperventilierende kann lernen — statt sich an die Panik des Erstickens zu verlieren —, sich den Überschuß an Kohlendioxid im Körper vorzustellen und wie dieser abzubauen ist. Als Vergleich: Schnittblumen. Das faulende Wasser, in dem sie stehen, muß ausgeleert, die Vase von Fäulnisbakterien gereinigt werden. Erst dann darf frisches Wasser eingefüllt werden. Die Blumen brauchen das Wasser wie wir den Sauerstoff. Der Hyperventilierende muß also daran denken, daß er seinen Körper vom überschüssigen Kohlendioxid reinigen, vermehrt aus- statt einatmen muß, bevor er neuen Sauerstoff aufnimmt. Er hilft sich selbst. Selbstverständlich muß dieses Vorgehen in beschwerdefreien Augenblicken eingeübt werden, um erfolgreich zu wirken. Bei der Attacke muß alles wie von selbst funktionieren. Je öfter jemand die Erfahrung der Selbsthilfe macht, desto eher bleibt er oder sie anfallsfrei.

Diese Art der Hilfe läßt sich auch auf die Psyche übertragen. Solange wir auf Kampf gegen ein Leiden eingestellt sind, so lange bleiben wir angespannt und verspannt. Ich erinnere an die flimmernden Farben vor meinen Augen, welche meist bei psychischen Ausnahmezuständen aufgetreten sind. Ich bin damals immer in Panik geraten und wollte gegen die Ohnmacht ankämpfen. Seit ich anstelle dieser Auflehnung eine Zuwendungshaltung einnehme und mich beruhige, habe ich das Bewußtsein nie mehr verloren.

Zur Lösung eines Problems muß ich klären, was die Ursachen sein könnten, und gleichzeitig kann ich lernen, mit dem Ausnahmezustand — Schmerz, Wut, Depression — umzugehen. Je öfter wir erfahren, daß wir uns selber helfen können, desto ruhiger, entspannter, gelassener werden wir; das neurovegetative System findet weniger Anlaß zur Rebellion.

Ich denke an die mehr und mehr zunehmenden vegetativen Beschwerden wie Herzstechen, Rücken- und Magenbeschwerden, an Schlaflosigkeit und die Unfähigkeit abzuschalten.

Ich erfahre auch jetzt wieder, wie mein Harfenspiel mir ab- und umschalten hilft; wie die innere Gespanntheit sich löst. Parallel dazu beruhigt sich aber auch der Körper. Ich werde nicht schläfrig, sondern bin beruhigt und trotzdem angeregt.

Eigentlich ist er/sie anders

28. November

Ich habe Bilder von Frühlingsblumen gesehen, die mich so fasziniert haben, daß ich die entsprechenden Samen in Blumenkistchen angesät habe. Kraut ist gewachsen. Ich bin auf Blumen eingestellt und erwarte täglich ungeduldig das Aufbrechen der ersten Knospen. Es sind bis zum heutigen Tag keine Blumen erblüht. Ich warte noch immer. Trotz der Enttäuschung bringe ich es nicht übers Herz, die Pflanzen auszureißen. Wer weiß, vielleicht kommen sie doch noch ...

Ich habe mich früher in Männer verliebt, deren Eigenschaften – den meinen entgegengesetzt – mich angezogen haben. Die Erscheinung und ihr Ausdruck erweckten in mir den Eindruck, daß sie zartbesaitet seien. Merkwürdigerweise erklang jene zarte Saite, wenn wir zusammen waren, wenig. Ich begann zu leiden, konnte nicht verstehen, fühlte mich unverstanden, enttäuscht beziehungsweise getäuscht. Ich habe mich am Gedanken aufgerichtet, daß der eigentliche Kern dieses Menschen ein anderer sei und nur ich ihn kenne. Überheblicherweise habe ich geglaubt, ich könne die Schale, die den Kern berge, brechen. Man muß warten können, dachte ich, und wartete lange darauf, daß der andere sich ändere. Ich habe mir etwas vorgemacht.

Gewiß kann der Kern eines Menschen anders sein, als aufgrund seines äußeren Verhaltens angenommen wird. Aber weshalb erwarten wir, daß er sich ändert?

Es besteht doch auch die Möglichkeit, daß der Kern vertrocknet ist. Warum gelingt es nicht, Konsequenzen zu ziehen, wenn wir zum Beispiel unzumutbar behandelt werden?

Viele sagen von sich oder andern, daß sie eigentlich anders wären, aber nicht sich selbst sein könnten. Ein Beispiel sind Angehörige von Suchtabhängigen. Sie warten und warten und verlieren sich in die Illusion, daß sich der unhaltbare Zustand ändern werde, und richten sich immer wieder daran auf, daß er/sie eigentlich anders sei. Sogar Ehen werden geschlossen in der Illusion, eine vorhandene Sucht löse sich von selbst.

Morgen werde ich die Pflanzen, die mich narren, ausreißen und mich aber auch beim Gärtner erkundigen, ob etwas an meiner Pflege falsch gewesen sei.

Jahreszeitendepression

30. November

Heute finde ich winterfeste Pflanzen. Ich habe es nicht für möglich gehalten, daß es eine solche Auswahl an *blühenden* Winterpflanzen gibt. Für mich eine Erfahrung, daß man sich erkundigen soll, bevor man den Schluß zieht, »das gibt es ja doch nicht«.

Der Föhn ließ einen klaren Sternenhimmel erstrahlen.

Obwohl heute ein Spätherbsttag ist, ist es draußen milde. Ich bin froh, heller gelaunt als an einem üblichen Novembertag. Ich »muß« aufstehen und fahre bei Tagesanbruch mit dem Zug weg. Dieser Herbst ist froher, als ich mir vorgestellt habe. Die Farben der Bäume leuchten, und gleichzeitig blühen noch einzelne Blumen, auch die Wiesen sind noch saftig grün. Während der ersten zwei Stunden war der Himmel noch von Wol-

ken durchzogen, wurde dann aber immer leuchtender blau. Die neu verschneiten Berge scheinen greifbar nah und wollen sich in den Himmel recken. Die Sonne läßt ihre Strahlen wie ein Feuerwerk spielen. Die Luft ist rein, geräuschlos.

Ich frage mich, ob sich in der verbreiteten Jahreszeitendepression etwas Ähnliches abspielt wie in der Kälte beziehungsweise Wärme von Beziehungen? Wenn ich in einer kalten Wohnungsatmosphäre oder kalten Beziehung lebe, nehme ich Kälte an andern, fremden Orten weniger wahr, weil ich ja nichts anderes kenne. Für viele wird seelisches Frösteln unbemerkt zur Gewohnheit.

Dann aber, bei meiner Tätigkeit mit leidenden Menschen, fällt mir Gegenteiliges auf. Trotz körperlicher oder seelischer Schmerzen strahlen viele Wärme, Wohlbehagen und Geborgenheit auf mich aus. Seit ich das bewußt wahrnehme, fällt mir Lieblosigkeit und Gleichgültigkeit deutlich und häufiger auf. Nach einem warmen, sonnigen Herbst drücken ja die

Nebeltage auch stärker auf das Gemüt. Es gibt Möglichkeiten, die Einstellung zur Dunkelheit des Winters zu ändern, und andererseits die eigene Initiative, beim Wohnen und in der Beziehung angenehme Stimmung zu erzeugen.

Angeeigneter Pessimismus

8. Dezember
Nach einem außergewöhnlich warmen und sonnigen Herbst ist gestern der Winter angebrochen. Mit den einsetzenden Dezemberstürmen verlieren die Bäume ihr farbenes Kleid. Kahl ragen sie jetzt zum Himmel. Doch nun dürfen wir keine Trostlosigkeit aufkommen lassen.

Negative Erwartung ist oft auch die Folge von Erfahrungen. Was mich nachdenklich stimmt, sind jene Menschen, von denen ich eine helle, positive Ausstrahlung empfange, die aber doch pessimistisch sind. Auffällig ist eine Gemeinsamkeit in der Kindheitsgeschichte dieser Leute: Ihre Eltern waren sorgen- und kummervoll. Sie versuchten dies vor den Kindern zu verbergen, hatten es aber doch ausgestrahlt. Die Kinder spüren und nehmen es unbewußt auf. Oft entwickeln sie auch Vorstellungen von Notständen (Sterben eines Elternteils, Scheidung, Verarmung etc.). Im Erwachsenenalter sind sie geprägt von einer nicht erklärbaren, bedrückten Stimmung und pessimistischen Fantasien. Bei generell auf diffuse Befürchtungen ausgerichteten Pessimisten ist der Wunsch nach einer Psychoanalyse angebracht. Bei positiv Denkenden, die sich aufgrund der Atmosphäre im Elternhaus von negativen Empfindungen überfallen fühlen, kann eine Löschung der übernommenen Haltung angebrachter sein als der Aufwand einer Psychoanalyse. Ein möglicher Weg der Löschung können Entspannungsmethoden, verbunden mit Visualisation, sein.

Ähnlich ergeht es uns an trüben Wintertagen: Groß ist die Gefahr, das Grau des Klimas zu übernehmen und empfänglich zu sein für eine allgemein verbreitete gleichgültige bis trostlose Stimmung.

Ein Sonnenstrahl gleitet durch mein Fenster und läßt das Rot einer Amaryllis und der Äpfel auf dem Schiefertisch aufflammen.

Dieses leuchtende Rot lacht ...

Fragen zum Thema

Wie gehe ich mit der Düsterkeit der kalten Jahreszeit um?

Wie unbewußt lasse ich mich von der kalten, gleichgültigen Atmosphäre anderer Menschen anstecken?

Verschließe ich mich gegen Wärme?

Lasse ich mich leicht von negativem oder pessimistischem Denken anderer beeinflussen?

Wenn ja, ist das durch erlebte Stimmung im Elternhaus geprägt, oder habe ich es mir mit meiner Lebenshaltung selbst angeeignet?

Dinge in sich hineinfressen

13. Dezember

Lange habe ich mich auf die Einladung gefreut. Leider ist die Stimmung, die ich bei meinen Gastgebern antreffe, äußerst gespannt. Einerseits vergeht mir der Appetit durch die unerwartete »dicke« Luft, andererseits merke ich beim ersten Bissen, daß etwas mit dem Fleisch nicht stimmt. »Höflich« und »tapfer« schlucke ich trotzdem.

Jetzt, in der Nacht, ist mir übel.

Ich bin nicht tapfer gewesen, sondern feige.

Ähnlich wie im Eßverhalten benehmen wir uns oft im seelischen Bereich: Wir »fressen« Dinge in uns hinein, von denen wir im Grunde wissen, daß wir sie nicht verdauen können. Wir spüren, »es« zieht uns den Magen zusammen, »es« kriecht etwas über die Leber, »es« geht an die Nieren, oder wir leiden an Schlafstörungen oder ganz schlaflosen Nächten.

Ich nehme an, daß viele die unbekömmlichen Bissen auch deshalb schlucken, weil sie fürchten, die Fassung zu verlieren, wenn sie sich wehren, oder weil sie glauben, sie hätten nicht das Recht dazu. Wie im Eßverhalten, so haben viele im Geistigen falsche Skrupel. Diese Skrupel sind Folge mangelnder Distanz zur Außenwelt, was Überanpassung bewirkt: Man sagt ja und meint nein. Gleichzeitig herrscht ein Mangel an Bewußtheit über sich selbst. Die Pflicht sich selbst gegenüber wird oft nicht wahrgenommen.

Fragen zum Thema

Wie oft schlucke ich Unverdauliches, das mir Übelkeit verursacht?
   Schlucke ich aus Trägheit oder Resignation?
   Schlucke ich aus Angst, abgelehnt zu werden?
   Schlucke ich es, weil ich mir zuwenig Recht einräume?
   Nehme ich die Pflicht wahr, zu mir selbst zu stehen?

»Man sieht nur mit dem Herzen gut«

20. Dezember

Nach getaner Arbeit spaziere ich unter dem vorweihnachtlichen Sternenhimmel durch den Rennweg und die Bahnhofstraße. Es windet, und die vielen Lichter der Weihnachtsbeleuchtung tanzen. Die riesigen, in der Innenstadt aufgerichteten Tannen duften intensiv. Ich freue mich kindlich über die Adventsstimmung und tauche in Erinnerungen ein.

Freudig gelaunt komme ich nach Hause. Wessen Herz voll ist, dem läuft der Mund über. Mein Herz ist voll — es möchte sprudeln, aber mein Mund kann nicht formulieren, wie und was ich fühle.

Wie wenig kann man oft mit Worten ausdrücken!

Ich begegne täglich Menschen, die durch ihre Erscheinung, ihre Haltung und ihren Gesichtsausdruck echtere, unvoreingenommenere Information vermitteln, als ihre Rede es tut.

Die Bildersprache ist älter als das geschriebene Wort. Unser Unbewußtes bedient sich vor allem der Symbolsprache. Sie stellt sich im Traum dar. Je symbolhafter, vernunftswidriger und abstruser diese Bilder sind, desto appellativer ist oft die Aussage der Träume.

Wie oft lasse ich mich durch intellektuelles Überlegen verunsichern, wenn ich etwas wahrgenommen habe. Unvoreingenommen, spontan nehme ich auf, und oft verwerfe ich, was ich spüre, nachdem sich mein Kopf dazugeschaltet hat. Schmerzvolle Krisen und Mißverständnisse entstehen in Liebesbeziehungen, weil Worte falsch interpretiert werden. Im Grunde ist ein Konflikt auch unausgesprochen längst erfaßt und begriffen, wird aber verschwiegen und mitgeschleppt. Nach intellektuellem Abwägen, Hinterfragen oder Verdrängen wird falsch gedeutet und spekuliert. Ich denke an das Leiden während meiner Jugend, weil ich nicht begreifen wollte, als der von mir so sehr geliebte Mann mir zu verstehen gab, daß er keine Liebesbeziehung wünsche. Ich habe es schlicht überhört. Noch häufiger wird an Worten festgehalten, die ihre Gültigkeit längst verloren haben oder überbewertet werden. In kritischen, gespannten Augenblicken werden irreführende Worte gewählt; es kommt zu einem Schneeballeffekt, zu einem Verhaspeln, zum Hineinsteigern in Gefühle. Saint-Exupéry schreibt im *Kleinen Prinzen*: »Man sieht nur mit dem Herzen gut, das Wesentliche ist für die Augen unsichtbar.« In diesem Sinne möchte ich sagen: »Man hört und spricht nur mit dem Herzen gut, das Wesentliche ist für den Mund unaussprechbar und für die Ohren unhörbar.«

Einerseits sollten wir mehr reden, wenn Unklarheiten vorliegen. Es dürfte nicht zu bedrohlichen Stauseen negativer Gefühle kommen. Andererseits sollten wir unsere Wahrnehmung für den wortlosen Ausdruck verfeinern.

Die komplizierte Nordländermentalität

Venedig, 28. Dezember

Vor diesen Winterferien war ich unschlüssig, ob ich als Ferienort eine Großstadt mit allem drum und dran oder unberührte Natur wählen sollte. Beides hätte mir gefallen. Ich fuhr nach Venedig, denn die Lagunenstadt bietet beides — Mondänes und Stimmungsvolles — dazu die vorgelagerten Inseln und den Strand. Hinzu kommt, daß Venedig im Dezember wie ausgestorben ist.

In der kühlen Stille von San Marco wird mir ein weiterer Beweggrund für meine Wahl bewußt: Früher lebte ich streng konform und mit dem Hang zur Perfektion, wie es für Nord- und Mitteleuropäer typisch ist. Ich habe mich vor einer Reise nicht genug ab- und versichern können. Die Gruppe der organisierten Reisen hat mir den am Anfang des Buches erwähnten Halt vermittelt.

Mir wird jetzt deutlich, daß ich dieses Reiseziel auch im Hinblick auf die Unbekümmertheit, die Spontaneität, die Lebenslust und Begeisterungsfähigkeit der Südländer gewählt habe.

Auf der Reise hatte ich im Zug ein Erlebnis: Ich teilte das Abteil mit drei Italienern. Keiner kannte den andern. Ich war überrascht, in welch kurzer Zeit sie sich füreinander interessierten. Ich spürte echte Anteilnahme heraus. Die Unterhaltung war spontan und herzlich und führte mir wieder einmal die Befangenheit und Kompliziertheit unserer eigenen Mentalität vor Augen.

Schwarzsehen als Folge depressiver Erschöpfung

Venedig, den 29. Dezember

Im Traum der letzten Nacht ertrank ich im sinkenden Ausflugsschiff. Ob es ein Warn- beziehungsweise Vorahnungstraum war? Sollte ich den geplanten Ausflug per Schiff heute besser unterlassen?

Etwas ähnliches hatte ich schon vor einer Flugreise erlebt. »Zufällig« las ich am Vortag eine Kurzgeschichte, in der sich eine Person über eine Vorahnung hinweggesetzt hatte und mit dem Flugzeug abstürzte.

Nach einem solchen Traum frage ich mich, wo die Grenzen zwischen intuitiver Vorahnung und Überängstlichkeit sind. Angstvorstellungen entstehen öfter aus Erschöpfung oder Unselbständigkeit, aus dem hilflosen Kinder-Ich; Intuition ist viel seltener. Es können auch Vorängste in Zusammenhang mit

Krankheit, Verlust von Partnerschaft, Stelle, Wohnung oder von Geld sein. In der Praxis werden mir Körpersymptome geschildert, welche viele Klienten als Vorboten einer unheilbaren Krankheit interpretieren.

Wer solche Verunsicherungen kennt, für den kann es ratsam sein, sich nüchtern zu fragen, ob die Verunsicherung unbewußtes Ausweichen, Ablenken oder Schwarzsehen als Folge depressiver Erschöpfung ist, bevor er seine Reise annulliert.

Ich bin damals geflogen und habe auch heute am Ausflug teilgenommen. Beides habe ich überlebt.

Das Ausflugsziel ist Murano. Die Bootsfahrt zur Insel berührt mich jedesmal tief. Der Blick wandert vom Meer zurück auf die Stadt, die wie einem Märchen aus Tausendundeiner Nacht entstiegen ist, und zu den kaum bewohnten Fischerinseln, wo die Zeit stillzustehen scheint. Dann Murano: Es fasziniert vor allem durch die Spiegelung der farbigen Häuser im leicht bewegten Wasser. Die rostbraunen Farben vor dem azurblauen Himmel des Südens erwärmen das Herz. Weiß, rosa und rot leuchtet der nach Vanille duftende Oleander.

Allein reisen

Venedig, den 30. Dezember

Wie genieße ich hier mein Alleinsein. Ich denke dabei über das Alleinreisen nach: Man ist überall allein und kann überall geborgen sein.

Noch gestern habe ich mich im Zug – und heute beim Frühstück im Hotel – »draußen vor der Tür« gefühlt. Schon heute fühle ich mich getragen, sicher und geborgen, weil ja überall Menschen sind. Es liegt an jedem einzelnen, ob er allein reisen kann oder nicht. Viele vergessen, daß auch sie selbst auf Menschen zugehen können. Mir fällt auf, wie viel offener und aufnahmefähiger ich bin und mit einheimischen Menschen Kontakt finde, wenn ich allein reise. Wie viel erfrischender, anregender und erholsamer es sein kann, erfahre ich jetzt bewußt. Auf Reisen mit Vertrauten redet man über seine Alltagsgeschichten, obwohl man abschalten will.

Man läuft Gefahr, nur halbherzig da zu sein, wo man ist. Das Herz wird durch die Gespräche in den Alltag zurückversetzt. Das Abschalten gelingt leichter und intensiver allein. Ein weiterer Aspekt ist die Einschränkung, wenn man zu sehr erfühlt, was der Begleiter möchte, und sich dementsprechend überanpaßt. Man lebt zu sehr aus der Sicht des andern, statt (endlich) zu sich zu kommen.

Es geht mir nicht darum zu empfehlen, in welcher Form wir reisen sollen. Wir können sehr gut das eine tun und das andere nicht lassen. Ich denke auch an jene, die gerne allein reisen möchten, sich aber vom Unverständnis der nächsten Umgebung davon abhalten lassen. Einerseits hat schon Goethe gesagt: »Die kürzeste Reise zu sich selbst ist eine Reise um die Welt«, andererseits vertieft oder klärt gemeinsames Reisen oft eine Freundschaft. Sollten Sie zu jenen zählen, die sich vor jeder Reise freuen und regelmäßig enttäuscht oder frustriert zurückkehren, dann müßten Sie vielleicht die Begleitung, nicht nur das Ferienziel überdenken.

Fragen, loswerden — statt ohnmächtiger Rachedurst

3. Januar

Mit dem guten Gefühl nach getaner Arbeit und mit Vorfreude auf den freien Abend spaziere ich nach Hause.

Ich mache einen Umweg. Via Altstadt flaniere ich durch verschiedene Gassen, an Antiquitätengeschäften und Boutiquen vorbei. Ich überquere den Fluß und bleibe mitten auf der Brücke stehen. Ich beobachte die Enten, die trotz der Kälte munter herumschwadern, und träume, während sich mein Blick in die ewige Strömung des Flusses verliert. Mein Spaziergang führt mich weiter zum römischen Brunnen, den ich besonders liebe, weil er seinen Ausdruck mit den Jahreszeiten wechselt. Jetzt ist er vereist; im Frühling wird mich das nimmermüde Steigen und Fallen des Wassers von Schale zu Schale faszinieren; im Sommer sind es die Vögel, welche sich hier erlaben; im Herbst schwirren die vielen Insekten durch den Duft der Blumen, die den Brunnen einrahmen. Wenn der Brunnen — wie jetzt — vereist ist, beruhigt mich das Murmeln des Wassers und bewirkt auch ein Gefühl von Geborgensein.

Auf meinem Weg begegne ich einem Bekannten. Überrascht, erfreut und offen gehe ich auf ihn zu. Durch die wenigen Worte, die wir in kurzer Zeit austauschen, werde ich mehrmals verletzt. Waren die Bemerkungen gar boshaft gemeint? Es handelt sich dabei um unmißverständlich negative Äußerungen. Es geht nicht um das überempfindliche Pflänzchen, das jedes Wort auf die Goldwaage legt und dabei immer etwas gegen sich Gerichtetes findet. Hilflosigkeit und

Ohnmacht steigen in mir auf. Es ist der Augenblick, in welchem Rachegefühle keimen, sich Enttäuschung, Wut — vermischt mit Trauer — breitmachen.

Früher habe ich nach solchen Erlebnissen regelmäßig mich in Frage gestellt. Dann folgte eine Phase, in der ich vermehrt die Beziehung in Frage stellte. Heute versuche ich weniger uns beide zu hinterfragen, sondern die Angelegenheit sofort anzupacken. Ich bin nicht mehr bereit, das Negative, das in mir ausgelöst wird — sei es Verstimmung, sei es Zerstörung meiner guten Laune —, mit mir herumzuschleppen. Ich muß es sofort loswerden.

Wenn wir aus Ohnmacht rachedurstig sind, steigern wir uns in belastende Emotionen und fühlen uns in der Haut der oder des Wütenden für einen kurzen Augenblick stark. Wir haben »es« gezeigt, haben »es« uns nicht gefallen lassen; das vermittelt kurzfristige Genugtuung. Langfristig jedoch schaden wir uns selber. Mit unserem Reagieren geben wir der Angelegenheit weit größeres Gewicht.

Fragen, das heißt, den andern in ruhigem Tonfall sofort auf seine Äußerungen ansprechen, kann ein besseres Verhalten sein, als Unverdauliches zu schlucken. Es entspannt, und der Konflikt wird auf der Stelle ausgeräumt. Ich schlucke viel weniger in mich hinein. Nun muß mir weder etwas auf dem Magen liegen noch mir den Schlaf der nächsten Nacht rauben.

Zurück zu meiner Begegnung: Ich werde nicht infolge überbordender Gefühle blind und schlage auch nicht mit verletzenden Worten zurück. Ich bleibe nüchtern und frage direkt und klar, weshalb er sich so zu mir verhalte, was ihn veranlasse, mir weh zu tun? Mir ist weniger wichtig, wie ihm danach zumute ist, als was in mir abläuft.

Nach dieser Begegnung vergesse ich ihn rasch und finde meine ursprüngliche Freude am Feierabend wieder. Auf meinem Spaziergang bin ich auf bunte Entenfedern gestoßen. Ich habe sie mitgenommen und lege sie jetzt vor dem Einschlafen zu meiner Sammlung neben dem Bett.

Ich habe es ja nicht so gemeint

10. Januar

Heute habe ich auf dem Blumenmarkt die ersten Mimosen gekauft.

Ich stecke sie in Blumenröhrchen und grabe diese in meine Blumenkisten vor den Fenstern ein. Über ihren samtigen, süßwarmen Duft wird gesagt, er öffne Wege zur Kommunikation, verleihe Selbstvertrauen und löse Engstirnigkeit. Wir werden sehen. Ich fühle jedenfalls, daß die Duftwellen mich beschwingen. Wenn die Sonne scheint und ich die Fenster öffne, duften die Mimosen besonders intensiv.

Zufällig werde ich zur Mithörerin einer Streiterei zwischen einem Liebespaar. Es macht mir bewußt, wie unbekannt und fremd mir gehässige, verletzende, launenhafte Worte zwischen mir und meinem Partner sind. Gleichzeitig entdecke ich an mir einen Meinungswandel: Das Streiten und Schimpfen habe ich auch als Zeichen der Vertrautheit betrachtet; ich glaubte, es müsse in einer Freundschaft Raum dafür dasein. Paare, die sich nicht streiten, werden in Frage gestellt. Werden da Begriffe willkürlich vermengt?

Eine Auseinandersetzung wird von Ängstlichen als endgültige Zerstrittenheit, als Anfang vom Ende erlebt. Es sind jene Menschen, die dem »Frieden« zuliebe schweigen, schlucken und leiden, während Egozentriker »Krach« als natürliches, gesundes Ventil gutheißen.

Ich stelle beide Extreme in Frage. Ausfälligkeiten (Streit, verletzende Worte), seien diese gegen mich selbst oder gegen andere gerichtet, verursachen in jedem Fall Trostlosigkeit. Nehmen wir nun eine Ungeschicktheit im weitesten Sinne, die wir mit einer gegen uns gerichteten Selbstbeschimpfung quittieren. Ist Ihnen dabei wohl in Ihrer Haut? Kaum. Gehässigkeit ist nie am Platz – schon gar nicht in einer Freundschaft.

Bei Überängstlichen kann zu große »Schluckbereitschaft«, die Weigerung sich auseinanderzusetzen, Folge von Verlassenheitsangst sein. Zu zweit leiden, Spannung nicht klären, das wird dem Alleinsein in jedem Falle vorgezogen. Warum eigentlich?

Wir müssen lernen, nüchtern – weder anklagend noch unterwürfig – über Dinge, die uns negativ beschäftigen, zu reden. Tun wir es nicht, entstehen Spannung und Mißverständnis. Daraus wachsen Groll und Anklage, und die positiven Gefühle für den andern erkalten. Ruhiges Sprechen in der Konfliktsituation setzt voraus, daß wir nicht aufgestaut haben, und somit kein Überdruck entsteht.

Wir sind irdische, menschliche, nicht göttliche Wesen und somit vielen Stimmungen und Launen unterworfen. Wie also mit Gehässigkeit und Gereiztheit umgehen?

Ich stelle diese Frage, weil hier oft die Ursache von Beschimpfungen keimt. Versuchen wir zu überspielen, dann entsteht Spannung. Wenn ich über meiner Laune stehen will, diese dennoch bemerkt wird und ich darauf angesprochen werde, kann ich explodieren. Ich bin wütend auf mich, weil ich meine Verstimmung nicht vertuschen kann. Zudem werde ich auf die Person wütend, die mich in meiner Schwäche ertappt hat. Gereizt äußere ich im Affekt Dinge, die ich im nachhinein bedaure. Auf diese Weise können sich Berge von Schuldgefühlen aufhäufen.

Wie oft hören oder sagen wir: »Ich habe es ja nicht so gemeint.«

Wir wollen entschuldigen, beschwichtigen. Doch gesagt ist gesagt. Es trifft nämlich nicht zu, daß es nicht so gemeint gewesen war. Was spontan geäußert wird, wird gefühlt. »Ich habe es nicht so gemeint« bezieht sich auf den Kopf, unser Über-Ich, unsere Kontrollinstanz. Ein Beispiel positiver Umkehrung ist die Umarmung als Ausdruck von Sympathie. Sie wird gefühlt. Wer sagt, wenn er jemanden herzlich umarmt hat, er habe es nicht so gemeint? Wenn sich der Kopf dazwischenschaltet, wird die Geste vielleicht mit der Überlegung »es gehört sich nicht« unterdrückt.

Wenn ich verstimmt oder schlecht gelaunt bin, habe ich mir angewöhnt, es nicht zu verleugnen, weder vor mir noch vor der Umwelt. Ich gestehe meine »Stinklaune« ein. Ich mache damit die beste Erfahrung. Ich kann wieder lachen, nehme mich weniger wichtig, kann mich mit Selbstironie betrachten. Die Umgebung wird von meiner schlechten Laune nicht angesteckt. Verunsicherte müssen sich nicht erst fragen, was zwischen uns sei, weil ich es bereits geklärt habe. Oft sind sie perplex und lachen mit. Ich selbst kann wieder frei atmen, weil ich mich nicht durch Vertuschen meiner schlechten Laune zusätzlich verspanne.

Wann bin ich von Interesse?

15. Januar

Die langen Winterwochen wecken in mir Lust nach einem würzigen Parfum. Indem ich ein Düftöl herstelle, tue ich gleichzeitig etwas für meine Haut, die unter der Trockenheit überheizter Räume leidet.

Jetzt muß ich aber wieder an mein heutiges Problem denken. Ich kann nicht ausweichen: Vor zwei Wochen habe ich einen alten Freund — nach vielen Jahren — wieder einmal angerufen. Wir haben uns auf den Abend verabredet. Ich freue mich auf die Begegnung. Wie mag es ihm wohl gehen? Ich versuche mir vorzustellen, wovon er mir erzählen wird.

Meine Freude trübt sich, wenn ich mich frage, was ich ihm *über mich* sagen soll. In meinem Leben hat sich seit unserem letzten Zusammensein nichts Wesentliches geändert, weder im Beruf noch im Privaten. Eine leise Angst beschleicht mich. Wird er mich uninteressant finden? Ich habe nichts zu »präsentieren«, und über Gott und die Welt mag ich mit ihm nicht diskutieren. Unsere Beziehung war einst so intensiv gewesen, daß ich eigentlich über uns reden möchte. Ob er mich noch mag? Warum bringe ich ihm bedingungsloseres Wohlwollen entgegen als mir selber?

Ich erwarte von ihm keine spannenden Geschichten, sondern hoffe ganz einfach herauszuspüren, daß es ihm gutgehe. Was jedoch mich betrifft, ich habe weder von negativen noch positiven Sensationen zu berichten, sondern nur von meiner gesteigerten Lebensfreude.

In diese Gedanken vertieft, spinnt sich der Faden weiter: Ich denke an Klienten, die in meiner Praxis das Gespräch mit der Entschuldigung einleiten, sie hätten heute nichts Besonderes zu sagen, womit sie Probleme meinen. Es ist ihnen geradezu peinlich, daß sie im Augenblick nicht hilfsbedürftig oder ratlos sind.

Wir wissen, was ein ermutigendes Echo auf unsere Schwierigkeiten bewirken kann. Was bewirkt jedoch ein Echo auf Freudvolles, das ich erlebe und mitteile? Kann das Freudvolle, wenn wir es aussprechen, noch mehr Raum einnehmen, als wenn wir es still für uns behalten? Denken Sie an Ihre erste Verliebtheit; Sie wollten sie allen, die Ihnen begegneten, mitteilen.

Die erwähnte Entschuldigung zeigt, wie einseitig Psychotherapie verstanden werden kann. Gewiß wurde sie für Notsituationen geschaffen; sie soll auf Probleme, Konflikte, Krisen, Unverarbeitetes, Traumatisches, Angstverursachendes eingehen. Es trifft zu, daß viele zu niemandem so intensiv und intim sprechen wie zur Therapeutin bzw. zum Therapeuten. Oft sind Therapeuten die einzigen, denen Einlaß in die hintersten Winkel der Seele gewährt wird. Kann dies zur Folge haben, daß jedes Gespräch unbewußt mit Beschwerlichem verbunden wird, daß wir uns eher dann mitteilen, wenn wir uns schlecht fühlen oder sich etwas Außerordentliches zugetragen hat? Wem erzählen Sie schon über Ihre Freude am Mittagessen oder vom unerwarteten Gruß eines Passanten?

Im öffentlichen Leben kann Angst vor Neid ein weiterer Grund sein, warum wenige darüber reden, wie gut es ihnen geht. Bei der Therapeutin ist es eher Angst, sie nicht mehr aufsuchen zu dürfen, obwohl das Bedürfnis nach Mitteilung noch besteht. Der Betroffene erachtet die ursprünglichen Anliegen, die als Problem erlebt wurden, als erledigt. Viele glauben, daß weiteres Sprechen von sich selbst nicht angebracht sei, und übersehen die Funktion der Horizonterweiterung durch die Psychotherapie.

Bin ich für meinen Freund, den ich treffen werde, wirklich nur dann von Interesse, wenn ich besonders tatenfreudig oder konfliktbeladen oder politisch auf dem laufenden oder krank bin? Warum glaube ich immer, etwas Ernsthaftes oder Spektakuläres mitteilen zu müssen?

Viele sind weit davon entfernt, sich als »Existenz« genügend wertvoll zu fühlen. Durch ständige Selbstkritik und Abwertung laufen sie Gefahr, griesgrämig zu werden.

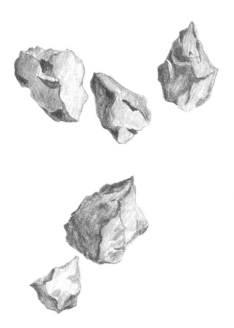

Von Kleinigkeiten in Beschlag genommen

18. Januar

Nach einer langen Arbeitswoche habe ich das Bedürfnis nach einem ausgiebigen und entspannenden Spaziergang. Ich muß wieder frei atmen können.

Weil es vor Tagen geschneit hat, sind die Straßen noch mit Splitt übersät. Gestern ist heftiger Föhn aufgekommen und hat den Schnee weggeschmolzen. Ich brauche keine Stiefel mehr anzuziehen.

Ein winziger Stein hat sich in meinen Schuh verirrt. Er sticht mich; mit den Zehen schiebe ich ihn hin und her, um ihm zu entkommen. Immer wieder atme ich erleichtert auf, wenn er mich beim Auftreten nicht stört. Dieser winzige Stein erreicht nach wenigen Minuten, daß sich mein ganzer Körper wegen der winzigen Schmerzstelle verspannt.

Endlich stütze ich mich an einem Baum ab, ziehe den Schuh aus, drehe und schüttle ihn energisch. Der winzige Stein fällt klickend auf den Asphalt.

Ich komme mir lächerlich vor, weil mir bewußt wird, wie oft ich mich im Leben von Winzigkeiten, ja Nichtigkeiten irritieren, absorbieren lasse. Ich verbaue mir selbst Erfreuliches oder mache mir das Leben schwer — wie bei diesem Spaziergang. Ich konnte mich nicht entspannen, weil ich der geringen Anstrengung, den Schuh auszuziehen, ausgewichen bin.

Ein ins Wasser geworfener Stein zieht wachsende Kreise, gläserne Ringe. Ans Ufer stoßend, lösen sie sich auf. Probleme werden von ihrer Vergänglichkeit gelöst. Ich denke an Liebeskummer. Ein kleines Mißverständnis wiegt so schwer, daß es sich auf andere Lebensbereiche ausdehnen kann wie die Ringe im Wasser. Was heute schrecklich erscheint, ist morgen in nichts aufgelöst. Ein weiteres Beispiel solcher Ausdehnung ist der Ärger im Berufsleben, der eine Lawine der Unstimmigkeit auslösen kann: ungehaltene Reaktionen im Straßenverkehr, Kritik über die ungenügend gewürzte Suppe, Beschwerden über den Hauswart, der zuwenig heize, Empörung über die Friseuse, die die Haare fünf Millimeter zu kurz geschnitten hat.

Gegenüber viel Angenehmem, das uns begegnet, bleiben wir jedoch verschlossen, weil wir uns von Kleinigkeiten beherrschen lassen.

Ich nehme mir vor, beim ersten Stich eines Steines meinen Schuh sofort zu leeren. Ich will bei Angelegenheiten, die mich drücken (Ärger am Arbeitsplatz, Sorge um Angehörige) nachfragen statt verdrängen. Ich will mich nicht mehr im Interpretieren und Spekulieren verlieren oder mich mit unnötigen Sorgen belasten. Vieles wird durch dunkle Brillen betrachtet, weil Unangenehmes verschwiegen und verschleppt worden ist. Denken Sie an den Arbeitsplatz oder an Probleme mit dem Partner. Ich will nicht mehr halbherzig reagieren, indem ich den Stein mit den Zehen hin und her schiebe, mir den bohrenden Zahnschmerz auszureden versuche, anstatt etwas zur Linderung zu unternehmen.

Durch Überanpassung sich selbst entfremdet

20. Januar

Auf meiner Harfe spiele ich spanische Tänze. Während ich dieser Musik lausche, entsteht der Wunsch, selber zu tanzen.

Spontan raffe ich mich auf und gehe allein ins Tanzlokal. Es brauchte Überwindung, aber ich bewege mich als einzige ohne Partner auf dem Parkett. Es dauert nicht lange, bis ich von einem aufmerksamen, galanten Herrn aus meiner Situation befreit und zum Tanz aufgefordert werde. Die Musiker wechseln abrupt den Rhythmus. Mein Tanzpartner wird dadurch irritiert und tritt einige Male heftig auf meine Füße. Seine diskrete Aufmerksamkeit hat mich berührt, ich kann ihm meine Schmerzen nicht übelnehmen. Tatsache ist aber auch, daß ich nach dem Tanz das Lokal fluchtartig verlasse. Mein anfänglicher Enthusiasmus ist verflogen und damit die Freude. Mein Tanzbedürfnis bleibt ungestillt.

Viele Menschen liebe ich gerade ihrer Eigenart wegen, und doch ertappe ich mich immer wieder, daß ich mich an gewissen Zügen oder Verhaltensweisen stoße.

In meiner Sturm-und-Drang-Zeit habe ich in solchen Momenten die Auseinandersetzung gesucht; ich wollte Leute ändern. Später habe ich eingesehen, wie anmaßend dies ist.

Heute möchte ich alle in ihrer Eigenart belassen. Was ich dabei übersehe, ist, daß ich von mir zuviel erwarte. Ich lasse Menschen gewähren, selbst wenn sie auf meinen Füßen herumtrampeln ...

Oft glauben wir, lieben heiße, ohne Bedingung alles anzunehmen.

Wie viele Menschen werden sich selbst fremd, weil sie sich

dem Partner bzw. der Partnerin überanpassen. Sie glauben, aus Liebe zu etwas ja sagen zu müssen, was sie in Wirklichkeit überfordert. Ich denke an den Menschen, der sich während Jahren nur für das Wohl anderer anbietet, sich selber vergißt und mehr und mehr verliert. Seine Umgebung gewöhnt sich an sein selbstloses Hilfsangebot. Je länger, desto stärker fühlt er sich in seiner Haut nicht wohl. Er vernachlässigt seine elementaren Bedürfnisse und erweckt in der Umgebung dennoch den Eindruck, es mangle ihm an nichts. Für seine Umgebung schöpft er immer aus dem vollen. Aus vermeintlicher (falscher) Rücksichtnahme läßt er sich nicht nur ausnutzen, sondern auf seinen Füßen herumtrampeln. Er erkennt nicht, daß er ein Mensch mit malträtierten Füßen ist.

Bei meiner Tätigkeit höre ich von Menschen, die für sich in Anspruch nehmen, bedingungslos zu lieben. Sie wollen nicht wahrhaben, daß sie sich selbst entfremden, erkennen nicht, wie rücksichtslos sie mit sich selbst umgehen, wenn sie lieben. Manche werden körperlich krank, andere depressiv, bei andern erkalten die Gefühle für den Liebespartner. Der Pfad zwischen Annehmen des Partners und Achtung für die eigene Person ist manchmal verweht. Klarsicht ist dann möglich, wenn ich die Augen öffne, und dies bedeutet vor allem, daß ich nüchtern abwäge, ob mein Verständnis für andere meine Grenzen überschreitet, so daß ich mich selbst entfremde.

Nehmen wir an, Sie sind initiativ, Ihr Partner aber träge, und zum gemeinsamen Leben steuere er wenig oder nichts bei. Seine Teilnahmslosigkeit entschuldigen Sie mit seiner lieblosen Erziehung, die er erfahren mußte. Sie verlieren Ihre Begeisterungsfähigkeit und Ihre Unternehmungslust, weil Sie chronisch überfordert sind. Sie haben sich angewöhnt, das

Lebensmanagement für zwei Personen zu übernehmen. Aus einem vielseitig interessierten Menschen sind Sie zu einer unlustigen, frustrierten Person geworden.

Nach meinem Tanzfiasko spaziere ich den See entlang nach Hause und werfe Steine ins Wasser. Ich fühle mich wieder unbeschwert... An einer seichten Stelle suche ich nach flachen Kieseln, die ich über das Wasser schlittern lasse. Mehrmals hüpfen sie auf der Wasserfläche, bevor sie versinken. Sie inspirieren mich, den restlichen Weg trotz der verwunderten Passanten dem Wasser entlang zu hüpfen. Das erleichtert mich, löst und läßt mich selbstironisch schmunzeln, wenn ich an meine Tanzerei denke.

Raum für Funkstille in der Freundschaft

27. Januar

Nach einem angespannten Arbeitstag gönne ich mir zur Erholung eine anregende Gesichtsmaske. Dieser kleine Aufwand bewirkt, daß ich mich eine Viertelstunde später wie neugeboren und unternehmungslustig fühle.

Während der letzten Jahre hat sich in meinem Leben vieles zugetragen und vieles verändert. Angelegenheiten, die mich beschäftigten, haben sich erledigt. Dinge sind mir wichtig geworden, die ich früher kaum beachtet habe. Dies alles hat zur Folge, daß ich Freundschaften vernachlässigt habe. Ich habe mich zurückgezogen, still und nicht etwa aufgrund von Zwistigkeit oder Verbitterung.

Vor Wochen habe ich über eine Begegnung mit einem langjährigen Freund geschrieben. Seit einigen Wochen denke ich intensiv an verschiedene Menschen, die ich wieder sehen möchte.

Was hindert mich daran, auf sie zuzugehen, ihnen zu schreiben oder sie anzurufen?

Bin ich feige?

Will meine jetzige Hemmung sagen, daß ich mich mit schönen Erinnerungen zufriedengeben soll, um niemanden zu verletzen?

Lasse ich Freundschaften sterben, um keine Absage zu riskieren, nachdem sie ja nur eingeschlafen und nicht auseinandergelebt sind?

Ich habe einen aktiven Weg eingeschlagen und bin froh. Ich werde Ruth anrufen. Wird sie sich über die Überraschung freuen? — Ja, sie freut sich, mich zu treffen. Und ich freue mich, daß ich den ersten Schritt getan habe.

Jetzt überlege ich mir, wie ich reagiert hätte, wenn Ruth ablehnend gewesen wäre. Ich gehe davon aus, daß kein Zwist zur Funkstille geführt hatte. Ich würde ihr Verletztsein respektieren. Ich müßte ihr dazu das Recht einräumen, wenn sie jetzt nicht mag, denn ich habe das Schweigen zwischen uns verursacht. Ich kann jedoch unabhängig davon mein herzliches Empfinden ihr gegenüber ausdrücken.

Umgekehrt gelingt es mir heute, die Pausen zu akzeptieren, wenn Bekannte mir gegenüber schweigen.

Ich frage nicht mehr, was an mir nicht genüge. Freundschaften sind etwas Lebendiges, das regelmäßig gepflegt werden muß. Leider wird dies häufig mißverstanden. Begegnungen werden aus falschem Pflichtgefühl oder aus Gewohnheit vereinbart und werden oft zur Belastung. Viele treffen sich, gehen miteinander aus — weil es sich seit Jahren so abspielt —, obwohl es kein echtes Bedürfnis mehr ist. Dies kann zu Überdruß führen. Ein weiterer Aspekt ist, daß Wegstrecken sich während ungewisser Zeit trennen, um später wieder zusammenzuführen. Es gibt auch Beziehungen, die sich erübrigen, weil sich die Wege ganz getrennt haben. Es ist sentimental, sie aufrechterhalten zu wollen, und es setzt die Erinnerung an echte Gemeinsamkeit in ein falsches Licht.

Als Beispiel: Nach einer Scheidung kann das etwas vom Schmerzhaftesten sein, denn die Partner sehen sich immer wieder durch die Brille der Kampfzeit.

Für Freundschaft gilt, was für alles Erbauliche gilt: genießen und loslassen, solange es wohltut, statt zu warten, bis es zur Übersättigung kommt oder zerbröckelt.

Was immer sich zwischen Menschen abspielt, wo echte Zuneigung empfunden wird, ist kein Platz für Kränkung, geschweige für Rachegefühle. Respekt vor Wandlung bleibt erhalten.

Auf Unzuverlässigkeit in Freundschaft darf keiner bauen, der gesunden Eigenrespekt besitzt. Wer sich selbst achtet, läßt sich nicht versetzen. Es handelt sich um einen Menschen und nicht um eine Puppe, die man sitzenlassen darf, ohne daß sie wegläuft, oder die man herzt und im nächsten Augenblick in eine Ecke schmeißt. Nur Oberflächliche, Egozentriker oder Respektlose ziehen die Puppe vor, weil man mit ihr tun und lassen kann, wie es im Augenblick beliebt.

Krank sein, um zur Besinnung zu kommen

10. Februar

Heute morgen ist die Welt gläsern. Die vergangene Vollmondnacht war eisig kalt und hat den Nebel vom Vortag in Rauhreif verwandelt.

Beim morgendlichen Spaziergang staune ich, wie viele Details ich täglich übersehe. Wieviel verpasse ich dadurch! Der Rauhreif hebt Konturen von Gegenständen und Pflanzen hervor. Der Nebel schränkt die Fernsicht ein; notgedrungen konzentriere ich mich auf die Nähe. Ich bewundere dabei faszinierende Kunstwerke: Verzierungen an Hausfassaden, an Brunnen, Schildern, Laternen und Zäunen. Aber auch die Schönheiten der Natur, wie Spinnweben und feinste Verästelungen von Pflanzen, ziehen mich in ihren Bann. Nebel ermöglicht Nahsicht.

Während ich weiterspaziere, steigen andere, doch damit zusammenhängende Fantasien in mir auf: Bin ich gerade jetzt krank und ans Bett gefesselt, damit Nahsicht über meine Situation möglich wird, weil ich mich sonst zu oft in Fernsicht, in übertriebenem Pflichtbewußtsein verliere? Eigentlich will ich die Zeit, die ich im Bett verbringen muß, für Schreiben und Lesen nutzen, doch Glieder- und Kopfschmerzen verunmöglichen beides.

Ich ergebe mich den Umständen und blättere in Erinnerungen, ohne mich dabei zu beunruhigen, was an Arbeit liegenbleibt. Gleichzeitig versuche ich meinen grauen Alltag objektiv zu betrachten. Filme laufen während dieser »unproduktiven« Tage in mir ab und zeigen Dinge auf, die zu beachten ich mir im gesunden Alltag die Zeit nicht nehme.

Eine innere Ruhe gewinnt von Tag zu Tag mehr Raum in mir: Mir ist, als würde ich die leuchtenden, perlmutterfarbenen Muscheln sammeln, die den dunkelgebeizten Balken neben meinem Bett zieren. Ich erkenne Schönes, anstatt gedankenverloren den Sand zwischen meinen Fingern durchrieseln zu lassen. Manchmal aber lasse ich dieses Rieseln bewußt zu; es ist verbunden mit einem Gefühl von Uferlosigkeit, von einem Getriebenwerden. Doch ich mag mein Leben nicht wie Sand zwischen den Fingern durchrieseln lassen, will offen sein für die Wunder der Natur, für schimmernde Muscheln im Sand. Ich muß sie bloß sehen wollen.

All diese Gedanken laufen während der erzwungenen Bettruhe ab. Brauchen wohl viele Menschen die Krankheit, den Rauhreif, um zu sich, zur Kenntnis ihrer Situation zu gelangen? Verhindert der übliche Alltag, daß wir im Sonnenlicht »Nahes« wahrnehmen?

Eine Veränderung, die mir mein »Jahr der Freude und des Vertrauens« gebracht hat, ist, daß ich mich weniger ausschließlich in Fernsicht oder Nahsicht verliere. Ich lasse keinen Tag verstreichen, ohne wenigstens während Minuten ganz bei mir gewesen zu sein, nur bei mir verweilt zu haben. Früher habe ich mich oft selbst in den Schatten gestellt, mich selbst benachteiligt. Durch Rauhreif und Sonne vertiefen sich meine Lebensfreude und Energie. Sie machen mich frei.

Wenn ich mich körperlich oder geistig schlecht fühle, nehme ich eine imaginäre Lupe zur Hand und versuche klarer zu sehen. Ich fixiere mich jedoch nicht nur auf den Brennpunkt, sondern bleibe mir meiner Umgebung bewußt. Umgekehrt versinke ich im Alltag nicht in Mühsal, Lästigkeiten oder Gedankenverlorenheit, sondern bleibe wach für Kleinigkeiten.

Durch Verdrängen an Angst ausgeliefert

20. Februar

So viel Buntes in den letzten zwei Tagen! Es sind die Kostüme und geschminkten Gesichter von Fasnächtlern, mitten im Altstadtkern, wo ich an einer schmalen Gasse wohne. Gassauf, gassab begegne ich dem fasnächtlichen Treiben, ob ich will oder nicht. Die vielen »Guggen« beleben mich jedes Jahr aufs neue mit ihren bunten Kleidern und kakophonischen Klängen. Ich spüre etwas Archaisches, Ursprüngliches heraus, das nach alter Tradition die Dämonen des Winters vertreiben will. Ich klatsche in die Hände und tanze mit.

Während ich mich mitreißen lasse, werde ich von einem ganz andern Anblick jäh in die Alltagswirklichkeit zurückgeholt: Eine schwarze Fahne, am Straßenrand aufgestellt, erinnert mich an einen tödlichen Unfall, bei dem ich vor Jahren Augenzeuge war. Erbarmungslos steigen in mir die Empfindungen jenes schrecklichen Ereignisses nochmals auf ...

Durch die neuerliche Konfrontation bin ich im Begriff, mich in Absicherungen zu flüchten: Ich bestätige mir sofort, wie gering die Wahrscheinlichkeit doch sei, dasselbe nochmals zu erleben. Ich will mich absichern, mich in die Uferlosigkeit von Beschwichtigungen verlieren. Wenn ich mir aber einreden muß, warum dies oder jenes mit Wahrscheinlichkeit nicht wieder eintrifft, dann nähre ich die tiefliegende Erfahrungsangst.

Ich führe mir das Ereignis von damals im Detail vor Augen. Ich spinne den Fantasiefaden bis zu jener letzten Konsequenz weiter, nach der ich durch den Unfall selbst umkomme. Dieser Faden wird zum Ariadnefaden im Labyrinth meiner Angst: Es mag unglaubwürdig klingen, daß ausgerechnet der

Gedanke an tödliche Konsequenz mich beruhigen soll. Es trifft dennoch zu, denn ich habe mir wieder einmal eingestanden: Wir alle sterben. Unfall ist nur eine von vielen möglichen Todesursachen. Wenn ich beim Anblick der schwarzen Fahne die Erinnerung abblocke und »beruhigende« Gegenargumente auflistе, verdränge ich die Angst. Ich liefere mich aus und nähre sie damit.

Ähnlich geht es Verliebten, die die bange Frage stellen: »Liebst du mich noch?« Ein kurzes Ja beruhigt langfristig weniger als die nüchterne Gegenfrage, was ein Nein bedeuten würde. Als Fünfjährige fragte ich meine Mutter, ob sie mich im Walde aussetzen würde, wie die Mutter von Hänsel und Gretel dies tat. Perplex fragte sie, wie ich auf diese Idee käme. Beharrlich wiederholte ich meine Frage. Ich bestand auf einem klaren Nein oder Ja; auch meine Mutter beharrte auf ihrer Frage. Die darauf folgende Diskussion hat mich offensichtlich beruhigt, denn ich kann mich nicht erinnern, daß mich die Angst, ausgesetzt zu werden, weiterhin beschäftigte.

Gewiß verarbeitet das beschriebene Weiterspinnen des Fantasiefadens das Unfalltrauma von damals nicht gänzlich. Es kann wieder als Schreckgespenst auftauchen, wenn ich zufällig daran erinnert werde. Ein Verdrängen mit Gegenargumenten würde jedoch die Wurzeln der Angst nähren. Mit der Taktik, mir Konsequenzen vorzustellen, liefere ich mich nicht unbewußt weiter an meine Angst aus.

Überholte Meinungsstruktur hemmt nach alter Gewohnheit

24. Februar

Ein türkisfarbener Vorfrühlingsabend mit dem gelborangen Licht der sinkenden Sonne über der dunklen Horizontlinie macht mich unternehmungslustig. Bald aber steigen Wolken auf, und auf einmal stürmt es heftig. Einerseits erzeugt der Wind Schwindel im Kopf, andererseits beschwingt er mich.

Ebenso geht es mir psychisch: Als Folge einer alten Gewohnheit horte ich die fixe Idee, an einem gewöhnlichen Wochenabend nicht ausgehen zu dürfen, und doch bin ich durch eine Wesensveränderung dazu angeregt und beschwingt. Es verwirrt mich. Obwohl ich einen intensiven Arbeitstag hinter mir und einen noch anspruchsvolleren vor mir habe, entschließe ich mich auszugehen. Eine solch spontane Idee ist neu für mich. Mir ist nach einem vergnügten, heiteren Anlaß zumute. Meine schnelle Entschlossenheit hat mich veranlaßt, keine Begleitung zu suchen. Dies muß auch so sein, um die »Berechtigung« des Vergnügens an einem gewöhnlichen Wochentag nicht jemand anderem zuzuschieben. Ich will mir allein das Recht dazu einräumen.

Kaum beim Aperitif, beginnt »es« in mir zu bohren. Ungebetene innere Begleiter melden sich zu Worte: »Das kannst und solltest du nicht tun. Du weißt genau, morgen steht dir ein Tag bevor, der dich fordert. Du kannst dir eine Ablenkung wie diese nicht leisten. Abgesehen davon, sind dir Leute begegnet, denen es schlechtgeht. Es gehört sich nicht, daß sie leiden, während du dich amüsierst ...« Alles alte Bekannte, diese moralisierenden Gedanken. Sie tauchen auf wie ungebetene Gäste. Sie reißen mich aus meiner Mitte und inneren Ruhe.

Früher hat es für mich in einer solchen Situation zwei Möglichkeiten gegeben: Entweder hatte ich den abendlichen Ausgang vorzeitig abgebrochen und war nach Hause gegangen, oder ich hatte Schuldgefühle. Ich hatte mich damit nicht nur um den Genuß gebracht, es gab auch Nachwehen. Die leiseste Unannehmlichkeit, die sich mir in den Weg stellte, interpretierte ich als »Gott straft sofort«. War ich abergläubisch?

Heute lasse ich mich von dieser überholten Meinungsstruktur nicht mehr drosseln. Ich lasse »es« nicht mehr auf mich einreden, sondern falle ihm ins Wort: »Ihr moralisierenden Gedanken seid mir wohl vertraut. Bis heute habt ihr aus bestimmten Gründen Platz in meinem Leben gehabt. Jetzt ist das anders. Ich stütze mich nicht mehr bequem auf euch ab, sondern verantworte von Tag zu Tag, was meinen ethischen Vorstellungen, meinem Gewissen entspricht. Es geht keinem meiner Klienten oder Angehörigen besser, wenn ich daheim Trübsal blase. Abgesehen davon, vermittelt mir das, was mich freut, neue Lebensenergie. Ich denke an kurze Nächte; trotz weniger Stunden Schlaf nach einem fröhlichen Abend fühle ich mich am andern Tag erholt. Ich erinnere mich sehr wohl an lange Nächte, nach denen ich mich wie gerädert fühlte, weil ich mit schweren Gedanken einschlief. Es mag eure Gewohnheit sein, mich mahnen zu wollen, doch diese Zeiten sind vorbei.«

Mir so zuredend sitze ich im Varieté und muß über mich lachen. Es kommt mir kindlich vor, und doch spüre ich, daß es mir hilft. Weder tadle ich mich nach alter Gewohnheit, noch beraube ich mich selber meines »Mutes« und meiner Fröhlichkeit. Ich stütze mich dabei auch nicht auf die übliche Moral, sondern distanziere mich durch das Zwiegespräch mit mir. Wie viele Probleme werden durch inneres Abstandnehmen leichter gemacht!

Kennen auch Sie Beklemmung, weil Sie sich für etwas überverantwortlich fühlen?

Vielen ergeht es ähnlich. Durch Erziehung und Gesellschaftsnormen geprägt, überfordern sie sich in Pflichterfüllung und Überfürsorglichkeit. Sie übernehmen falsche Verantwortung und überschreiten die Grenzen der eigenen Kräfte. Unserer Umgebung bringt es nichts, wenn wir auf Erbauliches verzichten; im Gegenteil, sie profitiert, wenn wir unser Herz unabhängig von andern selber erwärmen ...

Froh und lebenslustig fühle ich mich hier in der angeregten Stimmung des Varietés. Lauter vergnügte Leute sind um mich, und mit ihnen lasse ich mich von den Kunststücken der Artisten verzaubern und verblüffen. Der Alltag versinkt für ein paar Stunden. Lachen tut so wohl und befreit!

Unerwartete Lichter in der Dunkelheit

28. Februar

Während der vergangenen Woche hat mich die Natur fasziniert. Von weitem leuchtete es gelb unter den mächtigen Hängebuchen am See; die Winterlinge blühen. Nachts breitet der Mond sein elfenbeinfarbenes Licht über die Dächer, und Sterne glitzern am samtschwarzen Himmel.

Ich liege diese Nacht wach und wundere mich über eine ungewohnte Helligkeit im Zimmer. Das Mondlicht dringt durch das Fenster über meinem Kopf und sammelt sich im weißen Kristall auf meinem Nachttisch. Ich habe meine vielen Kristalle noch nie so verzaubert leuchten sehen. Sie sehen anders aus, als wenn die Sonne sie bestrahlt, irgendwie märchenhaft, unwirklich.

Im Alltag überraschen mich viele Menschen mit Lichtern, mit Anteilnahme, wenn ich mich im Dunkeln wähne.

Streng zu sich im aufmunternden Sinne statt abhängig von Zuwendung

5. März

Es ist noch nicht sechs Uhr früh. Die ersten Amseln singen. Heute löst dieser morgendliche Gesang Traurigkeit aus und veranlaßt mich dadurch, etwas Frohes zu unternehmen. In einen Terracottatopf stelle ich Zierhasel mit zart spriessendem Laub, Mandelblüten, Weidekätzchen und Efeu. An den Haselzweig hänge ich bunte, ausgeblasene, kunstvoll bemalte Eier. Nach wenigen Minuten lacht mich ein fröhlicher Osterbaum an.

Wie habe ich mich gewandelt! Es gibt Menschen in meinem engsten Kreis, die meinen, ich sei zu streng mit mir. Früher war ich zu weich und zog mich oft apathisch in eine Depression zurück. Während Tagen und Wochen lag ich unansprechbar im Bett. Ich war verurteilend gegen mich und hüllte mich mehr und mehr in meine Isolation.

Die Amseln verkünden den Frühling. Es wird auch in mir Frühling: Heute bin ich strenger, doch im aufbauenden, statt im zerstörerischen, lähmenden Sinn.

Ich versetze mich in gestern: Unbegründet war mir elend zumute. Ich wollte in anonyme Gesellschaft untertauchen, um zu vergessen, daß es mich gibt. Ich wäre am liebsten zu meinen Eltern gefahren, doch spürte ich, daß ich mich dabei noch verlorener, zusätzlich abhängig gefühlt hätte.

Heute ist es anders: Ich bleibe allein zu Hause und höre bei Kerzenlicht Musik, bereite mir einen würzigen Tee. Vielleicht werde ich ein Parfum kaufen und am Abend ein wohltuendes Bad einlaufen lassen. Nichts Spektakuläres, all dies, und doch ... Ich bin härter zu mir im aufmunternden Sinne, nicht mehr auf der Flucht zu Geborgenheit von außen.

Durch lieblose Strenge und Selbstkritik mußte ich depressiv werden.

Was unternehmen Sie bewußt für sich, wenn Sie traurig sind?

Gehen Sie liebevoll auf sich ein, oder warten Sie auf die Tröstung von außen?

Ich fühle mich freier und froher denn je, weil Ohnmacht, Apathie und Bequemlichkeit *dank eigener Initiative* der Vergangenheit angehören. Gewiß gibt es Augenblicke, die besonders anstrengen, weil ich mich auf meine Person statt auf die Umgebung abstütze, wenn ich mich aufraffen muß, für mich etwas zu unternehmen, *nur* für mich.

Tägliche Achtsamkeit — zwischen dem Du und dem Ich

6. März

Der Umgang mit sich selbst, über den ich gestern geschrieben habe, kann an die Grenze der Eigenbrötelei, der Isolation und des Asozialen stoßen, wenn er nicht mit Vorsicht gelebt wird.

Viele verströmen sich gegen außen und vernachlässigen sich selbst. Sie »können« oft nicht mehr, weil sie die Grenzen eigener Kraft überschreiten. Sie geben so viel von sich, bis sie ausgelaugt in Selbstmitleid und Anklage fallen.

Anders verhält es sich bei egoistischen Leuten: Sie fordern ohne Rücksicht. Eines Tages realisieren sie vielleicht ihre Skrupellosigkeit.

Es braucht tägliche Achtsamkeit, regelmäßiges Horchen und nüchternes Abwägen zwischen den Bedürfnissen der Umgebung und den eigenen. Es ist einfacher und bequemer, sich an den Polen »Ich oder Du« als in der Mitte zwischen Ich *und* Du zu orientieren, aber letzteres trägt beträchtlich zum Wohlbefinden bei.

Zeit zur Stärkung nach Schmerz

20. März

Dunkle Wochen liegen hinter mir. Auch jetzt sitze ich noch im Finstern. Ich habe einen lieben Menschen verloren, mit dem ich innig verbunden gewesen war.

Vor einem Jahr habe ich eine traumhafte Orchideenpflanze geschenkt bekommen. Nachdem sie verblüht war, habe ich sie weitergepflegt, obwohl ich mir nicht vorstellen konnte, daß der knorrige, unansehnliche Strunk wieder Blüten treiben könne.

Ich habe mich geirrt. Sie blüht nicht nur wieder, ihre neuen Blüten sind kraftvoller und leuchtender als die ersten. Diese Erfahrung rüttelt mich aus meiner Trostlosigkeit und Verlorenheit auf: Ich bin aufgefordert, mir Zeit zu lassen, um wieder zu erstarken. Nach einer Saat müssen zuerst Setzlinge heranwachsen, die Wurzeln erstarken, bevor man die Pflanze versetzen kann.

Ähnliches spielt sich bei schweren Krisen ab. Wir müssen uns Zeit lassen, müssen Lebenskräfte sammeln, bevor wir uns wieder der Umwelt aussetzen. Durch Trauer geschwächt, lassen wir uns leicht von Außenstehenden verunsichern, denn sie neigen oft zu überschwenglicher Großzügigkeit, was gute Ratschläge betrifft. Je geschwächter jemand ist, desto mehr läuft sie oder er Gefahr, sich von sogenannt wohlgemeinten Vorschlägen beeinflussen zu lassen. »Du mußt unter die Leute, mußt dich ablenken« ist ein altbekannter, meist falscher, vor allem oberflächlicher und uneinfühlsamer Ratschlag, der zu Verdrängung verführt.

Bei Leidvollem selbst für sich sorgen

23. März

Vorgestern war Frühlingsanfang.

Vor Tagen habe ich geglaubt, nicht nur intellektuell, sondern auch mit dem Herzen über meinem erlittenen Verlust zu stehen. Ich habe meinen Zustand falsch eingeschätzt: Bin ich unter Leuten, fühle ich mich wie mit einem Würgegriff gepackt. Tränen, die ich plötzlich aufsteigen spüre, schlucke ich hinunter. Ich glaube zu fühlen, wie mir jemand die Kehle zudrückt. Ich will nicht weglaufen, will aber auch nicht, daß man auf mich aufmerksam wird. Ich versuche mich aufzufangen, ohne den Schmerz zu verdrängen oder ihn mir auszureden. Verständnisvoll rede ich mir zu und rufe mir dabei in Erinnerung, daß, so unerwartet, wie ein Schmerz eintritt, so unerwartet ein Tor sich öffnen kann. Daheim, allein in meinen vier Wänden, versuche ich herauszufinden, was die Krise wieder aktiviert hat. Es gelingt mir nicht. Ich bin ratlos.

Was nun?

Was würde ich tun, wenn sich jemand Nahestehender in meiner Gefühlslage befände? Dies bringt vielleicht Rat. Ich überlege, was mir guttun kann. Es fällt mir nichts ein, aber ich zwinge mich dazu, den Gedanken zu Ende zu führen. Diese Hartnäckigkeit ist ein Teil jener neuen Hartnäckigkeit, über die ich schon geschrieben habe. Auch diesmal hilft sie mir. Ich lege heitere Kammermusik auf, mache Feuer im Kamin, höhle einen Apfel aus, fülle ihn mit Nüssen und Lebkuchengewürz und brate ihn in der Glut. Ich weiß nicht, was mir wohler tut, der Geschmack oder der Duft des Bratapfels.

Im nachhinein glaube ich, daß es im Augenblick der Ausweglosigkeit oder Verzweiflung darum geht, daß wir gegen seelischen Schmerz nicht kämpfen, sondern ihn zulassen. Indem wir auf uns eingehen, uns gegenüber fürsorglich handeln und nichts von außen erwarten, lindert sich der Schmerz. Es gelingt so eher, sich vom Augenblick zu lösen und gelassener zu werden. Das Gefühl, dem Schmerz ausgeliefert zu sein, baut sich durch Selbsthilfe ab.

Offen bleiben — unerwartete Freuden werden Realität

28. März

Es ist Abend, und ich stehe auf der Dachterrasse. Der Horizont verwandelt sich von Rosa über Grüngelb zu Gräulichblau. Die Luft ist erfüllt vom Duft der Frühlingsblumen in meinem Dachgarten. Wieder einmal staune ich darüber, wieviel man aus einer Situation machen kann, von der man glaubt, sie sei nicht zu ändern. Ich wundere mich, wie die Natur mich mitten in der Großstadt stärkt. Wenn ich nur schon an meinen Dachgarten denke, an die Insekten und Vögel, die sich darin aufhalten, an den Flug der Möwen vor den Fenstern meiner Wohnung, an den Duft der Gewürzkräuter auf dem Fenstersims. Und erst das Dachfenster über meinem Bett, das mir ermöglicht, in schlaflosen Nächten den Sternenhimmel zu bewundern und wachend zu träumen.

Die Macht der Gewohnheit im psychischen Prozeß

5. April

Seit Wochen ist es warm und regnerisch. Vor einer Woche habe ich meine Hyazinthen, Narzissen, Tulpen und Anemonen von Unkraut gesäubert. Ich habe radikal gejätet.

Schon jetzt, nach wenigen, warmen Frühlingsregentagen, sprießt das Unkraut im Dachgarten erneut über und über. Es erstaunt mich, weil ich mich bemüht habe, sämtliche Wurzeln zu entfernen. Und weil es völlig windstill war, konnten schwerlich neue Unkrautsamen zugetragen werden.

Seit Jahren befasse ich mich mit Situationen der Vergangenheit. Es sind Angelegenheiten, die dazu geführt haben, daß ich mir oft heute noch das Leben mit gewissen Verhaltensweisen und Einstellungen schwermache.

Ich bin viele Irr- und Umwege gegangen. Ich habe öfter die Richtung geändert. Mehrmals bin ich auf irgendeinem Pfad doch wieder an die ursprüngliche Weggabelung zurückgekommen, obwohl ich es nicht wollte.

Ist dies ein Hinweis dafür, daß ich die unbequeme Bewußtwerdung aufgeben soll, weil sie ja doch zu keinem Ziel führt? Oder soll ich sie trotzdem weiterhin suchen und pflegen?

Wieder einmal verfalle ich der Illusion, »es« einmal zu erreichen, an einen Punkt zu gelangen, an dem ich auf den Lorbeeren meiner eigenen Reife ausruhen könne. Warum soll ich jäten, wenn das Unkraut doch wiederkommt? Würde ich nicht jäten, hätte ich keine, kümmerliche oder eventuell ganz andere Blumen als die erwarteten. Wenn ich weiterhin *bewußt* mit meinem Leben umgehe, werde ich mich weniger der düsteren Stimmung, dem Grau des Alltags ausliefern. Vielleicht habe ich mich während Jahren ganz einfach an eine falsche Weichenstellung oder an falsche Wegweiser gewöhnt, mich falsch orientiert? Ich darf nämlich die Macht der Gewohnheit im psychischen Prozeß und Wachstum sowie auch die Macht der Beeinflussung nicht unterschätzen. Ich bin das Kind einer Gesellschaft, welche auf Schritt und Tritt zu wenig bewußtem und gedankenverlorenem Lebensstil verführt. Es werden Samen (Beeinflussung von außen) zugetragen, die ich bei aller Sorgfalt übersehen und nicht entfernen kann, bevor sie keimen. Sobald sie aber sprießen, kann ich durch tägliches Beobachten, durch bewußtere Daseinsgestaltung, meine inneren Blumen vor Schädlingen schützen, meine Ausgeglichenheit bewahren.

Ich habe mich weder für ein asketisches Leben auf der Alp noch in der Wüste, noch im Kloster entschieden. Ich habe den Gedankenaustausch mit Menschen und die Intensität der Begegnung und Lebensfreude gewählt. Es fordert von mir den Preis täglicher Pflege der inneren Bewußtheit und Selbstverantwortung.

Kritik wirft mich aus der Bahn

10. April

Ein Föhnsturm, dem heftige Regenböen folgten, legt sich. Aus meiner Kuschelstellung blicke ich durch das Dachfenster in schnell ziehende Wolken vor tiefblauem Himmel. Sonnenstrahlen, die im Spiegel reflektieren und im Wasser meines Zimmerbrunnens tanzen, blenden mich.

Meine Aufgebrachtheit legt sich wie eben der Föhnsturm: Ich habe mir geäußerte Kritik zu Herzen genommen, aber ich stelle mich und die Beziehung dennoch nicht in Frage. Schon gar nicht soll meine frohe Laune darunter leiden. Ein Bekannter, der mir wichtig ist, hat mich abschätzig kritisiert; er hat sich an mir gestoßen.

Sehr betroffen, habe ich mich in negative Emotionen hineingesteigert, habe innerlich geschimpft — habe mich über ihn, mich, Gott und die Welt geärgert. Mein Stimmungsbarometer ist unter den Gefrierpunkt gesunken, und dabei war mir vor dieser Begegnung so warm ums Herz gewesen.

Während mir die vorherige Wohligkeit wieder bewußt wird, werde ich stutzig:

Was hat sich in dieser kurzen Zeit in mir tatsächlich zugetragen? Warum lasse ich mich durch wenige Worte, die mir nicht gefallen, dermaßen aus der Bahn werfen? Was hat sich ereignet?

Ich will mich doch nicht an meine Emotionen, meine Gefühlswallungen versklaven. Ich schmiege mich tiefer in den Sessel und stelle mir vor, als Drittperson dabeizustehen.

Wo liegt der wunde Punkt?

Wie groß war der Anteil an Unmut, der nichts mit mir zu tun hatte?

Was hat er auf mich übertragen? *Was*, das soll mich eigentlich nicht berühren, sondern *daß* er es tat. War er aus andern Gründen gereizt?

Ich möchte weder unsere Beziehung noch mich, noch ihn wegen dieses Vorfalles in Frage stellen, sondern seine Äußerung nicht wichtiger nehmen als andere Impulse, die ich erhalte und schätze. Impulse und Kritik von außen haben einen großen Anteil an unserem inneren Wachstum. Wer sich aus Unsicherheit, aus Beleidigung verschließt, der bleibt engstirnig.

Am überholten Bild festhalten

17. April

Der Himmel ist erneut bewölkt. Regenschauer setzen ein. Ich bedaure es der Kinder wegen, die sich auf das heutige »Sechseläuten«, das Zürcher Frühlingsfest, freuen. An diesem Tag verwandelt sich die Stadt, das Rad der Zeit scheint zurückgedreht: Mädchen in Reifröcken, Lockenperücken und schmucken Hüten halten Blumen im Arm oder in einem Korb. Männer und Knaben im Zunftkostüm musizieren und paradieren beim großen Umzug; Pferdekutschen vertreiben für einige Stunden die öffentlichen Verkehrsmittel. Was mich am meisten berührt, sind die kerzenerleuchteten Laternen, mit denen die Zunftleute nachts durch die Gassen zu den Zunftstuben ziehen. Ich glaube, daß es mich berührt, weil der Alltag uns so

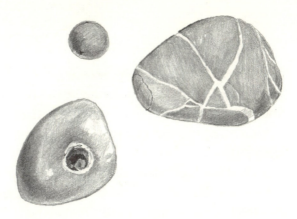

viel Neonlicht aufzwingt, uns Bildschirmen und blitzenden Lichtreklamen aussetzt.

Die Auseinandersetzung, die ich vor Tagen mit meinem Bekannten hatte, läßt mich doch nicht los. Im nachhinein beschäftigt mich, daß er Dinge zu mir gesagt hat, die für mich kein Thema mehr sind. Er hält mich an Dingen fest, mit denen ich mich lange und eingehend befaßt habe. Er kann dies vielleicht nicht wissen, weil wir uns länger nicht gesehen oder gesprochen haben. Er hält an einem überholten Bild von mir fest.

Ich selber begehe den Fehler, daß ich darauf eingehe, mich festhalten lasse. Es ist ähnlich wie in der zerbrochenen Liebesbeziehung: Nach langem, fruchtlosem beziehungsweise zermürbendem Leiden hat sich die Frau aufgerafft und sich aus ihrer symbiotischen Partnerschaft befreit. Kaum hat sie den Schritt gewagt, wirbt er um sie, will sie zurückerobern. Wenn sie in die Defensive geht und argumentiert, bietet sie Angriffsflächen, und er wird weiterbohren, weil er sich an ihre Nachgiebigkeit gewöhnt hat und ihren Willen längst nicht mehr ernst nimmt. Durch ihre Wankelmütigkeit hat sie den Respekt eingebüßt. Reagiert die Frau jedoch mit Gegenfragen, wird er auf seinen Anteil im Konflikt aufmerksam gemacht, ohne daß er ausweichen kann. Er wird gezwungen zu betrachten, was er beigetragen hat, und kann die »Schuld« nicht delegieren. Sollte er es trotzdem schaffen auszuweichen (und ihr gelingt es zu schweigen), dann bietet sie wenigstens keine neuen Angriffsflächen.

Ich war vor Tagen dermaßen betroffen durch die Bemerkungen meines Bekannten, daß ich in seiner Gegenwart sprachlos war, folglich auch fraglos blieb. Deshalb habe ich mich danach um so mehr über mich befragt. Auf seine Emotionen habe ich mit negativen Gefühlen reagiert, statt mit Gegenfragen, Humor oder Ironie die Angelegenheit zu entschärfen. Durch meine Betroffenheit habe ich unsere Spannung gesteigert.

Innere Distanz und gestellte Fragen hätten uns beide lösen können. Auch hier gilt, wovon ich immer wieder schreibe: die Bewußtheit im Augenblick — über Situation, Gegenwart, Vergangenheit und Zukunft; es nicht zum Stau kommen zu lassen, indem wir vor lauter Bäumen (Emotionen) den Wald (Tatbestand) nicht mehr sehen.

Mir zuliebe raffe ich mich trotz des Regens zu einem weiten Spaziergang auf. Anschließend werde ich in einer Pianobar Kaffee trinken. Ich *selbst* habe ein neues Image von mir entwickelt. Ich halte nicht an jenem der Frau fest, die nie allein ein öffentliches Lokal betritt.

Schmerz annehmen — sich positiv zureden

30. April

Seit der Genesis gilt der Regenbogen als Friedenssymbol. Heute herrscht typisches Aprilwetter: Regen und Schneeschauer wechseln mit Sonnenschein ab. Bezaubernde Regenbogen bilden den Übergang zwischen dunklem Sturmgewölk und heller, leuchtender Frühlingsstimmung.

Warum trifft mich schon wieder etwas anderes Leidvolles?

Kaum habe ich mich nach dem letzten Verlust aufgefangen, überfällt mich neuer Schmerz. Ich fühle mich ohnmächtig, verzweifelt und bin in Versuchung, mich an den nächstbesten Menschen zu klammern. Mich hält die Angst gefangen, »es« nicht auszuhalten, den Schmerz nicht zu ertragen. Wahlloses Haltsuchen ist gefährlich; als Ertrinkende könnte ich mich versehentlich an einen Nichtschwimmer klammern.

In meiner, wie ich meine, totalen Hilflosigkeit mache ich mir im Cheminée ein Feuer. Während Stunden sitze ich vom Schmerz erschöpft vor dem Kamin und lasse das Spiel der Flammen auf mich wirken. Was wird aus der Asche entstehen? Erlösende Tränen rinnen über mein Gesicht. Nein, ich bin nicht in kitschigen Weltschmerz oder Selbstmitleid versunken. Im Gegenteil, ich suche den Regenbogen in meinem Schicksal, suche nach innerer Ruhe. Während ich loslasse, kann natürliche Trauer aufkommen. Ich rede mir zu, daß Kraft- und Orientierungslosigkeit im Augenblick natürlich seien. Durch dieses Zugeständnis bin ich nicht darauf angewiesen, Hilfe bei andern zu suchen. Ich werde den Verlust akzeptieren können, wenn auch nicht jetzt.

Während ich mir zurede, überlege ich, womit ich mich momentan auftanken könnte; sowohl physisch als auch psychisch.

Wenn ich mich wieder stärker fühle, werde ich Kraft finden, mich wieder konstruktiv dem Leben zuzuwenden und den Verlust anzunehmen.

In meiner momentanen Verfassung versinnbildlicht der Regenbogen den Frieden, den ich zwischen dem Schicksal und mir schließe. Ich zwinge mich, nach vorn zu blicken, und tauche dankbar in die Erinnerungen an das, was mich das Zusammensein mit dem verlorenen Partner innerlich wachsen ließ. Auflehnung und Flucht haben oft auch sich selbst gegenüber negatives Empfinden zur Folge. Wir verurteilen oder werten. »Es muß mit mir etwas nicht stimmen, daß es mich schon wieder trifft« kann mich in Frage stellen und schwächt mich zusätzlich. Wenn ich mich trauern und weinen lasse, ohne mich auf einen Menschen abzustützen, dann darf ich mir zugestehen, noch nicht darüber hinweg zu sein. Langsam wächst wieder zuversichtliche Stimmung. Ich habe schon manche Katharsis (Bewußtseinsläuterung) durchlebt, Erschütterungen meines Innersten, und dabei jedesmal liebevolle Zuwendung von außen erhalten. Allein bleiben – einfach vor dem Feuer sitzen – ist neu für mich, aber erfolgreich, denn es gelingt mir, nicht kurzsichtig Trost oder Ablenkung zu suchen. Selbsthilfe ist tiefgreifend und Zuversicht weckend. Sie weckt innere Kraft und den Glauben, das Leben zu bewältigen. Im Gegensatz dazu kann Zuwendung von außen die Gefühle von Hilflosigkeit, Schwäche und Ohnmacht vertiefen.

Es ist falsch, wenn ich auf Enttäuschung mit Verstimmung oder Zorn auf mich selbst reagiere, statt mit Zuwendung, die ich mir selbst zukommen lasse. Wer etwas verliert, leidet. Es ist geradezu widersinnig, sich im Augenblick des Verlustes mit Ärger oder Selbstvorwürfen zu belasten.

Verständnis für die eigene Situation kann Bitterkeit, Anklage und Unzufriedenheit vermeiden helfen. Nüchternes, wertfreies Fragen über den eigenen Anteil an der Enttäuschung (Scheidung, Stellenverlust) kann Wiederholungen verhindern.

Heute berühren mich die Regenbogen. Sie existieren und existieren doch nicht, wenn ich sie mit einer Blume vergleiche, die ich fassen und an der ich riechen kann. Und doch: Ich habe die Möglichkeit, mich über den Anblick zu freuen und daran zu glauben, daß die Sonne den Regenschauer ablösen wird, während der Regenbogen die Brücke spannt. Die Freiheit, meine Einstellung zu jeder Widerwärtigkeit zu ändern, wird Schweres nicht ungeschehen machen, doch durch den Gesinnungswandel gelingt es, sich positiv neu zu orientieren. (Übung zum Thema auf Seite 171.)

Fixierung auf Äußeres verunmöglicht die Persönlichkeitsentwicklung

3. Mai

Auf meinem Arbeitsweg bewundere ich jedesmal den gleichen mächtigen Baum. Ich bilde mir ein, daß nichts ihn erschüttern könnte — es sei denn ein Blitzschlag oder eine Motorsäge. Manchmal lockt es mich, mich an seinen Stamm zu lehnen, in seine Blätterkrone zu schauen und zu träumen. Ich möchte nahe bei ihm sein, um wieder den Glauben an die Kraft des einzelnen Lebewesens zu stärken.

Mit Schrecken stelle ich fest, daß jetzt, im Mai, Blätter welken. Sie rollen sich ein und verkümmern. Beim genaueren Betrachten sehe ich, daß mein Baumfreund kümmerliche Wurzeln hat. Dies ist mir bis heute noch nie aufgefallen. Ich habe den Blick immer nur auf die Krone und den Stamm gelenkt, und dort haben die Verhältnisse gestimmt.

Viele lernen in ihrer Kindheit, sich ganz auf Äußerlichkeiten zu konzentrieren, auf alle und alles, was an sie herangetragen wird, einzugehen. Oft führt dies dazu, daß der Individuationsprozeß abgeblockt wird, sich gesunde Ich-Stärke nicht entwickeln kann.

Als Ewachsene sind sie es gewohnt, auf Außensituationen zu reagieren. Sie vergessen sich selbst und denken einseitig. Sie lassen sich mißbrauchen und mißbrauchen sich selbst. Sie leben mit dem Image, daß sie immer bereit sind zu geben: sei es als geduldige Zuhörer, als beruhigende Ratspender oder rettende Engel in Notsituationen. Sie erwecken den Eindruck, als bräuchten sie selbst keine Energiequelle.

Früher oder später merken sie, daß sie eigene Fähigkeiten, Interessen und ihren Wissenshunger verkümmern lassen. Um es in der Musikersprache zu sagen: Sie haben sich in Interpretation verloren und nie an eigenes Komponieren gedacht. In den ersten Jahren meiner Tätigkeit war ich bemüht, mich ganz nach den Theorien und Regeln meiner Ausbildung zu richten. Ich habe mich an Lektüre und Sicherheit gewährende Supervision gehalten und mich täglich kontrolliert, ob ich nach den erlernten Konzepten vorgegangen sei. Als meine Bücher publiziert wurden und ich Lesungen hielt, habe ich mehr und mehr auch eigenes Denken, mein Wesen und meine Erfahrungen in meine Arbeit einfließen lassen. Ich hatte es mir nicht willentlich vorgenommen. Dank einem glücklichen »Zufall« bin ich nicht nur Interpretin geblieben. Lange hatte ich mich darauf fixiert herauszuspüren, was der Gesprächspartner von mir erwartet, und dabei vergessen zu fragen, was ich von mir her zu bieten habe. Ähnlich ergeht es vielen in verschiedensten Lebensbereichen. Sie sind unsicher und fragen sich, wie es wohl wäre, wenn sie dies oder das ... Sie hätten eigentlich gedacht, aber eine andere Person finde ... Auf diese Weise werden viele kreative Ideen und Taten im Keim erstickt.

Meinem Baum fehlen starke Wurzeln. Vielen von uns fehlen sie. Wir entwickeln, was wir glauben entwickeln zu müssen. Wir fühlen nicht, daß wir Eigenes verkümmern lassen oder uns manches aneignen, das unserem Wesen widerspricht.

Sehen, was ich habe

10. Mai

Ich bin auf dem Heimweg entlang der Limmat und spaziere über den Strohhof. Jahrhundertealte Häuser und eine Kirche umsäumen den mit Kopfsteinen gepflasterten Kirchplatz. Mitten auf dem Platz steht eine mächtige Linde, deren Stamm von einer Sitzbank umgeben ist. Bei diesem Anblick wird jedesmal nostalgische Stimmung in mir geweckt: Ich sehe Kinder, wie sie den Baum umtanzen, und Erwachsene, die, an langen Holztischen sitzend, dem Treiben zusehen: fast eine idyllische Gemeinschaft. Diese Fantasie läßt auch heute Lust auf frohe Geselligkeit aufsteigen. Ein Fest, das ich geben oder — noch lieber — an dem ich teilnehmen könnte, stelle ich mir vor.

Ich bin begeistert, als ich kurz darauf im Briefkasten eine Einladung zu einem Maifest finde, mit einem Programm, das sich über mehr als einen Tag erstreckt. Man werde sich treffen und eine gemeinsame Vollmondwanderung unternehmen. Darauf folge eine Schiffahrt mit Brunch. Genug, ich mag nicht weiter davon erzählen, denn Auflehnung steigt in mir auf. Ich werde wütend und traurig, weil ich nicht wie eine Gesunde teilnehmen kann. Immer muß ich mit meinem Diabetes aus der Reihe tanzen, bin auf Verständnis und Rücksicht angewiesen, darf mich nie mehr unkontrolliert hingeben.

Für uns Kranke ist es wichtig, daß wir uns in solchen Augenblicken nicht in Emotionen verlieren, sondern genau dann unseren Körper besonders pflegen, statt uns aufzulehnen.

In entspanntem Zustand versuche ich meine Einstellung zu ändern. Ich rufe mir ins Bewußtsein, daß ich im Kreise fröhlicher Menschen mitfeiern kann, und will nicht nur das sehen, was ich unterlassen, worauf ich verzichten muß.

Zum Trotz lege ich eine andere Schallplatte auf, denn die zuvor abgespielte hat einen Sprung. Während ich ein Festkleid auswähle und mir überlege, wie ich mich mit dem Diabetes arrangieren werde, höre ich der Tanzmusik zu.

Das Gefühl der Auslieferung dehnt sich aus

18. Mai

Mein letzter Tagebucheintrag ist entstanden, weil ich mich wieder einmal mit dem Ausgeliefertsein an meinen körperlichen Zustand befassen mußte: Ich bin als junge Frau von einem Tag auf den anderen völlig überraschend zur Diabetikerin geworden. Tägliche Injektionen erhalten mein Leben. Es kommt hie und da vor, daß ich mich ängstige, mich einer Stoffwechselvergiftung ausgeliefert fühle. In diesen Tagen realisiere ich, daß ich mich selten, immer seltener äußeren Zwängen, sondern am allermeisten meinem Körper und seit geraumer Zeit auch meinem Unbewußten ausgeliefert fühle. Was ich mit Wille und Vernunft beeinflussen kann (Beruf, Wohnung, Kontakte etc.) beunruhigt mich immer weniger. Früher war es gerade umgekehrt: In der Angst, nicht zu genügen, bin ich mir durch meine möglichen Schwächen oder Mängel ausgeliefert vorgekommen. Seit ich krank bin, hat mein Leben andere Dimensionen erhalten. Die Krankheit fordert mich heraus, auf vernachlässigte, verschüttete, doch nicht verkümmerte Gefühle in mir einzugehen. Sonst wird mein vegetatives Nervensystem meinen Körper weiterhin durch Schmerzen alarmieren, und er könnte zuletzt mit einer organischen Krankheit reagieren.

Nach diesem Exkurs über psychosomatische Erkrankungen kehre ich zum Gefühl des Ausgeliefertseins zurück. Wenn ursprüngliches Ausgeliefertsein an den Körper sich in weitere Lebensbereiche ausdehnt (zum Beispiel Platzangst), gibt es nur eines: sich in seiner Ganzheit ernster nehmen, sich nicht in Einseitigkeit (zum Beispiel Fixierung auf Beruf oder Verpflichtung) verlieren, sondern sich täglich in seiner Ganzheit erleben. Ich denke an den Manager, der mir — peinlich berührt — seine Tunnelangst anvertraut. Er hat sich so in seine Arbeitswelt »verbissen«, daß er sich keine Gefühle gestattet. Seine Angst erfüllt die Funktion, ihn zum Überdenken seiner einseitigen Lebensweise zu bringen.

Zum Ausgleich werde ich nach der Arbeit auf meiner Harfe spielen. Durch die Klänge kann ich nach der geistigen Arbeit Gefühle ausdrücken und werde seelisch und körperlich gefordert. Nachher fühle ich mich wieder wohl, innerlich beruhigt statt in Auflehnung und Ohnmacht.

Überall beliebt, doch daheim tyrannisch

23. Mai

Ich bin mit einem Ehepaar befreundet, das durch seine harmonische Beziehung eine wohltuende Atmosphäre ausstrahlt. Erwin, der Ehemann, ist für mich ein »Christbaum«, weil er ganz einfach immer strahlt.

Gestern habe ich Klara, seine Frau, getroffen. Wir besuchten ein Konzert in einem Park. Trotz der schönen Musik unter freiem Himmel und zwischen duftenden Pflanzen wirkte Klara niedergeschlagen. Ich sprach sie darauf an. Sie wurde verlegen, ging jedoch auf meine Frage ein: »Du weißt doch, wie ich meinen Mann liebe, schätze und bewundere, wie er von allen geachtet und gerne gesehen wird. Nur... daheim ist er oft schrecklich. Er tyrannisiert die Kinder, und zu mir ist er oft lieb- und rücksichtslos. Ich kann dies nicht verstehen und frage mich, was ich falsch mache.«

Ich kenne auch Erwin und kann mir erklären, was hinter dem Widerspruch steckt: Erwin ist sporadisch schwermütig, ist überdurchschnittlich hilfsbereit, zu gütig, und er kann Bitten schlecht zurückweisen. Er überfordert sich pausenlos und stellt den Anspruch an sich, zu allen gut zu sein. Dabei vergißt er allerdings sich selbst und je nach Erschöpfungsgrad seine Familie. Seine Energie reicht gerade bis zum Feierabend. Danach scheint er seine Spannungen loswerden zu müssen.

Es gibt viele Erwins und ebenso viele Klaras, die wegen einer falsch gelebten Verantwortung, wegen Mißverständnissen als Folge von Schweigen leiden:

Wäre ich Erwin, müßte ich mir Gedanken über meinen Energieverschleiß und die dahintersteckende Unsicherheit machen. Wäre ich Klara, sollte ich auf Emotionen Angehöriger nicht mit Emotionen reagieren. Ich dürfte Taktlosigkeiten aber auch nicht schweigend einstecken und könnte Erwin fragen, wie ihm an meiner Stelle zumute wäre. Ich sollte weder bewerten und verurteilen noch in mich »hineinfressen«, sondern den Gesprächspartner zum Nachdenken anregen.

Panik bei Todesgedanken — doch Trauern unerwünscht

27. Mai
Zusammen mit einer Freundin besuche ich heute den Keramikmarkt. Ich kaufe Geschirr. Jedesmal bewundere ich Gefäße und Teller, welche oft eher künstlerische Keramik als Geschirr für den Alltagsgebrauch sind. Theres ist verzagt. Sie erzählt mir von ihrer nagenden Angst, ihr Freund könnte krank werden und sterben. In Wirklichkeit ist er kerngesund. Es gibt keine Veranlassung zur Besorgnis. Theres wechselt das Thema. Sie beginnt zu weinen, während sie von einem Autounfall ihrer Mutter spricht. Sie entschuldigt sich für ihre Tränen; es ist ihr peinlich.

Den Gedanken an den Tod zu verdrängen gilt als normal, obschon das krank macht. Was mich jedoch irritiert, ist die Tatsache, wieviel Schmerz und Leidvolles abgeblockt wird, obwohl es auch seinen Platz in unserem Dasein hat. Ich denke an das Trauern nach einem Verlust, der mit dämpfenden Medikamenten kaschiert wird. Nur die Todesangst wird als selbstverständlich hingenommen. Sorgfältig wird der unangenehme Tatbestand in die unterste Schublade der Verdrängung gesteckt, oder es werden Fantasien über das Schreckhafte genährt (Verlustangst meiner Freundin). Gibt es etwas Natürlicheres als den Tod? Sterbe ich, oder stirbt ein geliebter Mensch auch nur einen Tag, eine Stunde später, wenn ich mich in Sorge quäle?

Worüber ich mich noch mehr wundere, ist, warum eigentlich das Ausdrücken von Schmerz nach einem Verlust nicht legitim sein soll. Man hat ihn — den Schmerz — nicht zu haben, geschweige denn, ihn zuzulassen.

Wenn dies nicht zu Verwirrung führt? Der Gedanke an den Tod versetzt uns in Panik, statt daß er als etwas zum Leben Gehörendes zugelassen wird. Trauer als gesunde, natürliche Reaktion auf Verlust hat offiziell keine Berechtigung. Beide Verhaltensweisen machen krank, aber sie sind von der Gesellschaft als legitim anerkannt worden.

Minderwertigkeitsgefühl

1. Juni

Viele fühlen sich wertlos, von minderem Wert als ihre Umgebung. Sie merken es besonders dann, wenn sie sich nach einer besonderen Leistung wohler fühlen als im »normalen« Grauzustand des Alltags. Oder sie erkennen es, wenn sie in einer Erwartung, die sie an sich gestellt hatten, versagten.

Minderwertigkeit, was nun? Eine Karriere für mich? Jein... Ja, weil sie mir neue Kontakte schafft. Dadurch wird mein Selbstwert vorübergehend und oberflächlich gehoben. Ich denke bei der vorübergehenden Selbstwertstärkung an Beruf und Privatleben. Wenn ich mich an Liebesbeziehungen in Lebensgeschichten erinnere, fällt mir eines auf: Je nachdem, ob sich einer selbst schwach oder stark fühlt, wählt er schwache oder starke Partner. Solange der Betreffende sich minderwertig fühlt, »braucht« er Liebespartnerinnen, die *ihn* brauchen. Er verschafft sich durch Helfen, durch Unentbehrlichsein eigene Selbstsicherheit. Ist der geliebte Partner wieder erstarkt, wird die oder

der Gebende nicht mehr lebensnotwendig gebraucht. Meist ist die Beziehung vorbei, weil nur Anlehnung gesucht wurde. Wer sich in der Liebesbeziehung minderwertig fühlt, spürt nur den Partner; verkümmert, weil er sich vergessen, verlassen hat und sich nur auf äußeres Funktionieren in Hinblick auf den Partner fixierte. Der Liebende mußte durch die Minderwertigkeitsgefühle einen Umweg machen, er wird verlassen, und das verstärkt sein Gefühl der Wertlosigkeit in einem solchen Ausmaß, daß er zu sich kommen wird. Erst auf dem Boden der totalen Dunkelheit von innen und außen rafft er sich auf, wächst seine Motivation und Bereitschaft, sich auf seine Selbsteinschätzung einzulassen.

Ich bin auch von der Frage einer beruflichen Karriere ausgegangen.

Folgendes habe ich selbst erlebt: Während der Gymnasialzeit und der Zeit an den Hochschulen hat sich mein Minderwertigkeitsgefühl noch vertieft. Jedes Examen hat mich mit meinem mangelnden Vertrauen in meine Fähigkeit konfrontiert. Alles vermeiden, meine Ausbildung abbrechen, das wäre für den Augenblick eine Erleichterung in meinem Alltag gewesen. Es gibt ein Sprichwort: »Was mich nicht umbringt, das macht mit stark.« Was das im Beruf bedeutet, habe ich erst realisiert, als ich meinen Buchverlegern gegenübersaß. Wie stärkend ist es für mich gewesen, daß ich mich während dreißig Jahren meines Lebens immer wieder Beurteilungen im weitesten Sinne ausgesetzt habe, denn es hat Vertrauen in meine Fähigkeiten gebraucht, als ich meine Manuskripte an verschiedene Verlage schickte.

Was nun ein Nein zur Karriere betrifft: Sie kann gefährlich werden, wenn der eigene Selbstwert *nur* aufgrund von (außerordentlicher) Leistung, nicht auch auf der bedingungslosen Gefühlsebene erfahren wird. Ich habe dies in einem andern Buchteil beschrieben.

Je mehr ich mich dem gelebten, herausfordernden Dasein aussetze, statt durch Vermeidung der Schwierigkeiten mich in eine Sicherheit bietende Einseitigkeit und Enge zurückzuziehen, desto stärker und zuversichtlicher erlebe ich mich.

Langfristig betrachtet, ist Disziplin und Herausforderung bei Minderwertigkeitsproblemen heilsamer als Ausweichen und Vermeiden. Eine herausfordernde Tätigkeit ist mit stärkender Genugtuung verbunden, während eine unterfordernde eher das schale Gefühl der Bedeutungslosigkeit, oft Sinnlosigkeit wecken kann.

In meinem Sekretär steht ein regenbogenfarbenes, schillerndes Glas, in welches ich eine Pfauenfeder gestellt habe. Jetzt, während ich über Minderwertigkeitsgefühle schreibe, scheint mich dieses in satten Farben leuchtende Auge herausfordernd anzuschauen. Ich denke an die vielen Pseudopfauen, jene, die sich einreden, durch ihr Gehabe echte Bewunderung zu erhalten. Gesunder Selbstwert basiert auf Ehrlichkeit zu sich selbst und zur Umgebung, während selbstgefälliger Bluff Minderwertigkeitsgefühle nur kaschiert. (Übung zum Thema auf Seite 173.)

»Es gibt mehr Dinge zwischen Himmel und Erde ...«

4. Juni

Zur Zeit weilt mein Liebster einige tausend Kilometer von mir entfernt. Heute werde ich überraschenderweise von einem Gefühl erfüllt, das mir irgendwie fremd geworden ist: Ich frage mich, ob ich die Sehnsucht nach ihm durchstehen könne. Ähnliches habe ich seit meiner Kindheit nie mehr erlebt.

Einige Stunden später erfaßt mich eine Kraftlosigkeit, meine Gedanken sind völlig ziellos. Mir ist, als würde ich innerlich vibrieren. Ich werde von unbegründeter, lähmender Angst um das Leben meines Liebsten gepackt. Hatte er einen Unfall? Ich rede mir zu, daß solche Gedankengänge nur meiner Sehnsucht entstammten, daß sie unsinnig seien. Ich versuche meine telepathischen Antennen einzuziehen. Ich lege mich auf den Teppich und schlafe ein.

Einen Tag später stellt sich heraus, daß mein Freund zu genau dieser Zeit bewegungslos vor Schmerzen im Krankenhaus lag. Ich erhalte diese Information durch ein kurzes Telefongespräch, welchem ich jedoch nicht entnehmen kann, in welchem Spital er liegt. Was mich an der Situation noch mehr erstaunt als die telepathische Wahrnehmung, ist etwas, was sich rational nicht erklären läßt: Aufgrund einer Karte, die er vor dem Unfall an mich geschickt hatte, fand ich ihn im Krankenhaus. Ich kannte den Aufenthaltsort, hatte aber keine genaue Adresse, nur meine Antennen.

Ich bin willens- und vernunftsorientiert. Nach diesem mystischen Erleben frage ich mich wieder eimal, ob wir nicht alle eine feinstoffliche, irrationale Gefühlsebene in uns verkümmern lassen, oft gar als Hirngespinst verleugnen. Ich frage mich auch am Beispiel der Psychosomatik, ob der Körper gar nicht gewillt ist, diese Verleugnung mitzuvollziehen, und uns gewissermaßen lahmlegt, bis zum Zeitpunkt, an dem wir die Wahrnehmung beachten.

Meine Tätigkeit in der Praxis und eigene Erfahrungen geben mir Hinweise, wie wir klare Signale von Körper und Gefühlen mit unserem rationalen Denken überspielen und auf diese Weise vieles verpassen. Dies kann bis zur tödlichen Konsequenz führen: daß der Körper stirbt, bevor die seelische Genesung erreicht ist. Ich denke dabei an Krebspatienten, welche gestorben sind, weil sie sich zu spät ihrem eigenen, dafür dem gesellschaftlichen Leben zugewandt haben. Sie haben selbst bei deutlichen Symptomen keine Zeit gehabt, den Arzt zu konsultieren, da sie arbeiten »mußten«. Auf der anderen Seite sind die scheinbar Todkranken, die sich erholen, weil sie sich endlich vollumfänglich sich selbst zugewandt haben.

Dazu fällt mir Shakespeare ein: »Es gibt mehr Dinge zwischen Himmel und Erde, als eure Schulweisheit sich erträumen läßt«, sagt Hamlet.

Heute schreibe ich in den frühesten Morgenstunden: Eben erhasche ich noch, wie die nadeldünne Mondsichel verblaßt und im Osten die ersten Sonnenstrahlen auftauchen ...

Zuviel Aktivitäten stören die Wahrnehmung

Am Gießbach im Berner Oberland, 6. Juni
Aus tiefem Schlaf erwacht, stehe ich am offenen Fenster des Hotelzimmers: Der gewaltige Wasserfall stürzt pausenlos, stürzt tosend und tobend in die Tiefe. Ich stelle mir vor, wie sich jede Pore dieser belebenden, urgewaltigen Kraft öffnet. Es wirkt lösend, entspannend und gleichzeitig anregend, dieses gischtende Wasser.

Beschwingt und kaffeedurstig gehe ich zum Frühstück. Ein Ehepaar mittleren Alters betritt das von Sonnenlicht durchflutete Erdgeschoß. Die Gesichter ziehen durch ihre Stumpfheit meine Aufmerksamkeit auf sich. Bis auf wenige brummige Beschwerden haben sich die beiden nichts zu sagen. Auf den fröhlichen Kellner reagieren sie gereizt. Ein jüngeres Paar — offensichtlich der Sohn der beiden mit seiner Frau — setzt sich in derselben Stimmung zu ihnen.

Ich bin müde und freudlos hierher gekommen. Ich bin zwar erschöpft, fühle mich aber nicht zermürbt, sondern voller Zuversicht, daß ich hier wieder Energie für Freude und Lebenslust tanken kann.

Um mir das Abschalten zu erleichtern, habe ich als Lektüre einen zeitgenössischen Roman mitgenommen, dessen Handlung sich im durchschnittlichen Alltag abspielt. Das Erlebnis am Fenster, die Frühstücksbeobachtung und dieser Roman machen mir schlagartig bewußt, wie gut es mir geht. Ich habe hohe Ansprüche in jeder Beziehung, betreffe es die Arbeit, Freundschaften, den Alltag, das Wochenende, die Ferien.

Viele Jahre meines Lebens habe ich sinn- und freudlos in Ängsten und Pflichtzwang verrinnen lassen.

Wie viele tun das?

Es handelt sich dabei um etwas, worüber ich schon früher geschrieben habe: Bewußtheit über sich im Alltag – nicht nur im Kurs über Selbsterfahrung oder im Bett des Krankenhauses. Es mutet mich an, als würden sich die meisten Menschen organisieren, verplanen, und sich einem Alltagsrhythmus hingeben, unabhängig davon, ob dieser überholt ist oder ihnen nicht mehr entspricht. Beispiele dafür sind Verhaltensweisen der Familien an Festtagen; man hat Besuche zu machen, obwohl man sich nicht freut ...

So wie am heutigen Morgen beim Frühstück, spüre ich bei vielen Menschen, denen ich vor allem in der Stadt begegne, eine Lethargie heraus.

Könnte diese Stumpfheit nicht auch Teil eines Mosaiks sein; bestehend aus mangelnder Bewußtheit im Alltag, falscher (übersättigender) Nahrung, mangelndem Schlaf, mangelndem Regenerieren der Nerven und unregelmäßiger Pflege von Körper und Geist?

Wird das Wohlbefinden des Körpers, der Wohnung unserer Seele, durch Vertechnisierung unseres Alltags und die Auswirkungen der Wegwerfgesellschaft noch mehr übergangen?

Lebenslust setzt unter anderem eine gute Wohnatmosphäre voraus; auch in der Wohnung unseres Geistes, dem Körper. Ich stehe dazu: Auch mir bringt Krankheit die dringend gewordene geistige Ausgeglichenheit, denn sie zwingt mich, Nahrung, Erholung und Schlaf größere Aufmerksamkeit zu schenken. Ich brauche diese Krankheit noch immer für mein seelisches Gleichgewicht. Auch diesmal, zwei Tage bevor ich hierher gefahren bin, hat der Diabetes eine Notbremse in meiner Überforderung gezogen: Ich habe geglaubt, mir durch eine Fahrt nach Portugal beweisen zu müssen, daß ich wie eine Gesunde reisen könne. Dabei hatte ich weder Lust noch Freude zu dieser Reise gehabt. Ich habe mir vorgemacht, daß schon die Genugtuung, »es« zu schaffen, genügend Freude am Abenteuer sei. Ich mußte meine »Beweisreise« annullieren. Mein Körper hat rebelliert und mir dadurch ein erholsames Abenteuer ermöglicht: das Erlebnis unberührter Natur hier am Gießbach, nicht weit von zu Hause, ohne große Anstrengungen für den erschöpften Körper und die Seele.

Einfallende Sonnenstrahlen lassen das sprühende Naß des Wasserfalles in allen Regenbogenfarben aufleuchten. Ich steige den steilen Bergpfad hinauf zu den Felsen, über die der Gießbach herunterstürzt. Oben öffnet sich eine weite Bergwiese, durch die sich ein munter gurgelnder Bach schlängelt. Welch würzige Bergluft! Ich kann der Verlockung nicht widerstehen und balanciere über Steine zu einem Felsbrocken, der mitten aus dem Wasser ragt. Ich setze mich darauf und staune über die Ruhe und Unberührtheit dieser Bergwelt.

Wie verbringe ich den Tag mit einem Schussel — mit mir?

7. Juni

Ähnlich wohlgelaunt wie gestern, wache ich heute auf. Im Badezimmer lasse ich eine Insulinampulle fallen. Sie zerspringt in tausend Stücke. »Idiotin, kannst du nicht besser aufpassen, weniger schusselig sein?« Obwohl Juni ist, ziehe ich Strumpfhosen an, denn der Wasserfall kühlt die Luft. Prompt zerreiße ich sie. »Depp!« Ich hole mir ein neues Paar aus dem Schrank und schlage dabei bei einer raschen Bewegung mit dem Kopf ans Fenster. »Verdammt, jetzt reicht es mir!«

Die Frage, ob es erbaulich sei, den Tag mit so einer unerfreulichen Person — wie ich es bin — zu verbringen, holt mich zurück. Ich muß über mich lachen. Der Bann über meiner Gehässigkeit ist gebrochen.

Heute spaziere ich in eine andere Himmelsrichtung. Zuerst durchquere ich einen Wald und komme bald in eine heideähnliche Landschaft. Wilder Thymian und Schafgarben, die den Weg säumen, duften herb. Von seinem schattigen Standort her leuchtet tiefblauer und gelber Eisenhut. Ich freue mich über den Anblick vieler bunter Schmetterlinge — so viele auf einmal sind zur Seltenheit geworden.

Steter Tropfen höhlt den Stein

8. Juni

Der gestrige Tag ist trotz des morgendlichen Unmutes zu einem fröhlichen Ferientag geworden.

Die Gewohnheit der Schimpftiraden gegen mich habe ich mir schon in der Kindheit angeeignet. Eine Ursache liegt darin, daß ich Fehler zuerst immer bei mir suche. Es gelingt mir, in den unmöglichsten Situationen eine Angelegenheit so zu drehen, bis ich für das negative Geschehen verantwortlich bin. Ich nehme meine Rolle bzw. mich selbst zu wichtig.

Je länger eine Prägung zurückliegt, desto hartnäckiger ist sie und die Rückfallgefahr entsprechend hoch. Sie setzt voraus, daß wir uns mit ihrer Entstehung in der Kindheit befassen. Es ist wichtig, nicht nur darüber nachzudenken, sondern auch darüber zu sprechen, um die spätere Auswirkung in ihrer Tiefe erfassen zu können.

Es genügt nicht, sich zu sagen, man sei halt als Kind schon so und so gewesen.

Wie der psychische Prozeß allgemein, so verläuft auch die Löschung hindernder Wesenszüge nicht linear, sondern spiralförmig. Am einen Tag gelingt es, über das eigene Mißgeschick zu schmunzeln; am nächsten Tag nörgelt man wieder an sich herum, weil man aus irgendeinem Grund in eine ähnliche Stimmung wie in der Kindheit versetzt worden ist. Auch hier gilt: Steter Tropfen, nicht ein sporadischer Regenguß, höhlt den Stein; wachsende Bewußtheit ändert die psychische Prägung.

Fremdling in der eigenen Haut

Zürich, 10. Juni

Heute flaniere ich den See entlang zum Belvoirpark, wo ich die große Lilien- und Iris-Sammlung besichtigen möchte. An Teichen und zwischen andern künstlich angelegten Wassern ragen diese edlen Blumen in ihren vielfältigen Farben in die Höhe. Es sind Pflanzen, bei denen ich einen Widerspruch erlebe: Die Blütenblätter sind hauchzart, die Blätter aber grob, hart und spitz.

Im Park werde ich an Peter erinnert, mit dem ich ein paarmal hier gewesen war. Unsere Beziehung ist in die Brüche gegangen, weil er unsere Verabredungen nicht eingehalten hatte. Wenn ich ihn erwartete, benachrichtigte er mich kurzfristig, weshalb er nun doch nicht kommen könne. Anfangs war ich darüber »nur« traurig, dann verunsichert, dann verlor ich mehr und mehr die Freude an der Gemeinsamkeit. Meine Gefühle erkalteten. Durch die Unzuverlässigkeit konnte keine Vertrautheit wachsen. Die Liebe verblaßte.

Ich gehöre zu jenen Menschen, für die Vorfreude ein wichtiger Bestandteil der Freude ist. Das Zusammensein mit Peter ist mir gleichgültig geworden, und das hat zum Abbruch der Beziehung geführt. Ich hatte Peter nichts mehr zu sagen, weil ich zu oft meine innere, sprudelnde Freude erkalten lassen mußte.

Ähnlich ergeht es uns oft in der Beziehung zu uns selbst. Das Beispiel ist die Antwort auf die Frage, die mir oft gestellt wird: »Warum weiß ich in der Freizeit, auf die ich mich so freue, nichts mit mir anzufangen?« Das kommt, weil der Betreffende sich zu lange selbst vernachlässigte, keine regelmäßige Beziehung zu sich gepflegt hat, aus der Vertrautheit mit sich hätte wachsen können, sich aber nicht gefunden hat. Er ist zum Fremdling in seiner eigenen Haut geworden.

Wir können uns daran gewöhnen, uns selbst eine vertraute, zuverlässige Freundin zu sein, ebenso können wir uns aber auch selbst fremd werden. (Übung zum Thema auf Seite 174.)

Ich (er/sie) will beide Liebespartner

14. Juni

In regelmäßigen Abständen finden in einem Zunfthaus Jazzkonzerte statt. Heute ist mir besonders nach rhythmischem Jazz zumute, der für mich auch Abreaktion und Befreiung bedeutet. Es ist ein Tag, an dem mich Ruths Fragen nerven, weil sie diese immer wieder mir statt sich selbst stellt. Seit zwei Jahren fühlt sich meine beste Freundin im Druck zweier Beziehungen. Eben hat sie mich wieder einmal ratlos gefragt, für welchen der beiden Männer sie sich entscheiden solle, und kaum bin ich darauf eingegangen, stellt sie die Frage von neuem. Es handelt sich nicht um eine totgelaufene und um eine neu hinzugekommene Beziehung, sondern Ruth hat zwei Liebespartner gewählt. Sie will beide. Für wen soll sie sich bei einer solchen Konstellation entscheiden?

Für sich selbst.

Weder für den einen noch den anderen beziehungsweise weder für die eine noch die andere, wenn ein Mann zu entscheiden hätte.

Warum ich dieser Ansicht bin?

Wie kann der oft auftretende, genannte Konflikt überhaupt entstehen?

Ich gehe von zwei Beispielen aus: Der 45jährige Erwin hat Doris als 21jähriger kennengelernt. Sie haben vieles intensiv und gemeinsam erlebt. Nun verliebt er sich in eine zweite Frau, ohne jedoch seine Gefühle für Doris verloren zu haben. Er liebt beide Frauen. Doris ist eine starke, unabhängige Kommunikationspartnerin. Sie ist so aktiv und engagiert, daß Sinnlichkeit zwischen den beiden zu kurz kommt. Maria jedoch, die neue Liebespartnerin, ist eine zärtliche Frau, die Erwin Sinnlichkeit erfahren läßt, wie er sie noch nie erlebt hatte. Was jedoch die rationale, beruflich und sozial engagierte Ebene anbelangt, besteht kein Austausch. Erwin erhält bei Maria, was er bei Doris vermißt, und umgekehrt.

Ich komme auf die Ausgangsfrage zurück: Warum ist es weder die eine noch die andere Frau? Erwin lebt die beiden geschilderten Seiten in sich selbst zu wenig oder nicht bewußt. Er weiß nicht, daß beide verkümmert sind, bestenfalls eingeschlummert. Sein Selbstbewußtsein ist weder im Beruf noch in der Gefühlswelt gesund verankert. Wäre dies der Fall, dann könnte er klar auf eine weitere Frau zugehen: auf eine dritte, die zur Resonanz seines eigentlichen Wesens werden könnte. »Klar« verstehe ich im Sinne von realistisch abgegrenzt und dennoch sehr offen. Seine Sinnlichkeit würde sich in der Sinnlichkeit der Frau spiegeln, und seine geistigen, intellektuellen Ansprüche würden erwidert.

Zur Verdeutlichung ein zweites Beispiel: Monika lebt mit Urs in einer durchschnittlichen Ehe. Urs ist von der Zartheit seiner Frau fasziniert. Von der Lebenseinstellung her ist er Patriarch. Dies hat zur Konsequenz, daß er seine Frau nicht als intellektuell ebenbürtig respektiert. Dessenungeachtet baut sie sich eine Karriere auf. Schon mehrmals hat sie sich in Mitarbeiter verliebt und fragt sich ratlos, weshalb.

Sie fühlt sich zu Ehemann und Liebhaber hingezogen. Was Urs ihr nicht gibt, erhält sie von ihren Arbeitskollegen: Anerkennung im Beruf.

Was man bei einem Menschen entbehrt, kann durch einen andern vermittelt werden. Solange die Entbehrung nicht bewußt ist, verfallen Erwin und Monika endlos in verwirrende Verliebtheit mit anderen Partnern.

Wie der geschilderte Erwin, so ist Monika unausgeglichen in ihrer eigenen Wertempfindung, was Beruf und was Gefühl betrifft.

Was nun?

Weil die eigene Diskrepanz unbewußt bleibt, kommt es zu den unzähligen Wiederholungen. Monika erweckt im Beruf den berechtigten Eindruck einer unabhängigen, eigenständigen Frau. Sie ist selbständig, jedoch nur auf die berufliche Tätigkeit bezogen. Sobald die Kollegen, die sich in die starke Berufsfrau verliebt haben, ihre gefühlsmäßige Hilflosigkeit realisieren, schrecken sie zurück, weil sie sich auf dieser Ebene ebenfalls hilflos und bedrängt fühlen.

Es gibt für meine Freundin und für alle in dieser Situation nur eine Lösung: vorübergehend mit sich allein sein.

Ich gehe auf den Blumenmarkt, um Sommerflor für meinen Garten zu holen. Ich vermag nicht zu sagen, ob mir die Farben und Formen oder die Düfte wichtiger sind, aber ich weiß, daß mir beides während der erholsamen, idyllischen Abendstunden auf der Terrasse viel bedeutet. Die Ganzheit macht die Atmosphäre aus. (In der Liebesbeziehung ist das die Seelenverwandtschaft, deren Wichtigkeit oft unterschätzt wird.)

Ich wähle unter anderem den nach Vanille duftenden Oleander und Lavendel. Beide Pflanzen wecken Erinnerungen an lebensfrohe, sommerwarme Nächte in südlichen Gegenden. Als krönenden Abschluß des heutigen Tages und als Fortsetzung der Illusion, im Süden zu weilen, bereite ich mir ein würziges Oreganobad.

Ich fühle mich wie ein Idiot, wenn ich an meine Vergangenheit denke

15. Juni

Ich besitze eine wunderschöne Orchideenpflanze. Seit vielen Wochen steht sie in kräftig violetter Blüte. Sie scheint ewig zu blühen.

Vor Jahren hatte ich eine gleiche, aber weißleuchtende geschenkt bekommen. Ich liebte und bewunderte sie und hatte beim täglichen Gießen mit ihr geredet. Nach wenigen Tagen verfärbte sie sich gelblich und verblühte. Ich tränkte sie noch öfter, redete ihr gut zu, doch Verfärbung und Fäulnis schritten noch schneller voran.

Traurig fragte ich den Gärtner, wie ich die Pflanze pflegen solle. Sie brauche nur alle zwei Wochen Wasser und dürfe erst nach dem Austrocknen wieder angegossen werden, bekam ich zur Antwort.

Diesen Rat befolge ich bei meiner jetzigen, herrlich gedeihenden Pflanze. Die erste konnte ich nicht retten, was mir leid tut. Doch ist es müßig, mir weitere Gedanken über die damals falsche Pflege zu machen. Hauptsache, ich pflege jetzt richtig.

»Ich komme mir vor wie ein Idiot, wenn ich an meine Vergangenheit denke.« Diese Worte höre ich oft. Meist äußern sich Menschen so im Zusammenhang mit Überarbeitung oder weil sie sich ausnutzen lassen. Solange wir uns nicht bewußt sind, daß wir »es« tun, »es« mit uns machen lassen, so lange besteht keine Berechtigung auf Selbstverurteilung. Man hatte bestimmt seinen Grund (Unsicherheit und Angst) für das Verhalten.

Wenn ich mich nach der Einsicht weiterhin nur über mich ärgere, mich in Wut hineinsteigere, statt mein Verhalten zu ändern, dann komme ich mir nicht nur wie ein Idiot vor, sondern bin wirklich einer...

Wie oft verlieren wir uns in Ärger über uns und unsere böse, ausnutzende Umwelt und vermeiden dadurch eine Auseinandersetzung, die uns zwänge, unser eingleisiges Verhalten zu ändern.

Für sich selber dasein

17. Juni

Heute ernte ich meinen Estragon. Mit einem Teil davon setze ich Estragonessig an. Er wird mich in Ferienstimmung versetzen. Ich fülle Estragonzweige in eine Flasche und gebe italienischen Weinessig dazu. Zwei Wochen muß er verschlossen in einem warmen Raum aufbewahrt werden, bevor ich ihn brauchen kann.

Beim Einkaufen begegne ich einem alten Bekannten. Wir plaudern eine Weile miteinander. Vor wenigen Wochen ist dieser Mann in Pension gegangen. Er hat jetzt viel Zeit zur freien Verfügung. Während er mir über seine neue Ungebundenheit erzählt, drückt sein Gesicht Einsamkeit aus, obschon der Inhalt der Worte freudig ist. »Dieser Widerspruch«, denke ich. Das Gespräch nimmt eine Wende. Er erzählt mir von einem Freund, der ihn zur Zeit sehr beanspruche, und seine Augen beginnen dabei zu leuchten. Er wird gebraucht.

Ich kenne die Lebensgeschichte meines Bekannten. In ihr steckt eine weitverbreitete Tragik: Einerseits waren seine Eltern für ihn in seinen ersten Jahren unberechenbar. Er konnte nie herausfinden, ob man ihn gerade liebte oder ob er besser nicht existiert hätte. Und doch hat er sich in seiner Unsicherheit einen Halt verschafft. Er hat sich daran gewöhnt, immer für die Außenwelt bereit zu sein, sich an- und überanzupassen, stets bemüht, nur das Beste zu leisten. Er hat sich selbst mehr und mehr vergessen ... Dieses Verhalten spielt sich seit seiner Kindheit ab. Es zog im Laufe der Jahre immer weitere Kreise. Viele schaffen sich unbewußt mit Fleiß, Liebsein und perfekter Anpassung eine Selbstberechtigung und ein Selbstwertgefühl, dem jedes *Selbstbewußtsein* total abgeht.

Sind diese Eigenschaften nicht mehr nötig (Pensionierung, Kinder werden selbständig), dehnt sich eine angsterfüllte Leere vor ihnen aus. Diese Leere wird sich so lange ausbreiten, bis sich der Betreffende selbst zu spüren beginnt; ganz unabhängig davon, wie er nach außen funktioniert. Vertrautheit gegenüber sich selbst konnte früher nicht entstehen — oder ist verlorengegangen —, weil er immer nur für andere dagewesen war.

Das Rätsel der Schmerzempfindung

18. Juni

Stechende Schmerzen quälen mich. Meine Fantasie zieht die Register aller Krankheitsmöglichkeiten: Ich sehe mich als Krebspatientin auf einer Intensivstation, dann wieder im Liegestuhl eines Lungensanatoriums, dann ...

Gestern habe ich das Gegenteil erlebt. Ich war in ein Problem vertieft gewesen, das ich dringend zu lösen hatte. Erst am Abend realisierte ich, daß Übelkeit mich während des ganzen Tages begleitet hatte. Heute überbewerte ich körperliche Schmerzen, und gestern habe ich sie nicht einmal wahrgenommen. Ich realisierte die Übelkeit erst, nachdem die Beschwerden aufgehört hatten.

Schmerzempfinden ist ein Rätsel. Psychisch oder intellektuell belastete Menschen nehmen oft körperliche Symptome oder Schmerzen nicht wahr, und umgekehrt fixieren sich die hypochondrisch veranlagten dermaßen auf Vorstellungen von Krankheitsgeschehen, daß sie seelische Notsituationen total verdrängen. Durch dieses Ausklammern kommen neue Angst und zusätzliche Probleme hinzu.

Die Frage ist, ob Schmerzempfinden auch davon abhängt, ob jemand im Schmerz- oder Angstzustand eher ausgeprägt körper-, intellekt- oder gefühlsbetont ist und entsprechend reagiert.

Warum die Unterscheidung wichtig ist?

Kann Schmerzempfinden gezielt beeinflußt werden, indem wir uns die eventuelle Einseitigkeit bewußtmachen und uns nach einer vernachlässigten Ebene orientieren? Beispiele: Wer als Folge intellektueller Überarbeitung an Kopfschmerzen leidet, braucht etwas gemütvoll Entspannendes. Wer an hypochondrischen Ängsten leidet, sollte Initiativen zur Verbesserung seiner Lebenssituation ergreifen können.

Ich kann mir, wenn ich depressiv bin, mittels liebevoller, besonderer Körperpflege Freude und Aufhellung verschaffen. Wenn mich Krebsangst quält, kann ich mich fragen, wodurch sie veranlaßt wurde und wann und warum sie eingesetzt hat. Das ist sinnvoller, als im Lexikon die Symptomliste durchzugehen und sich vergewissern zu wollen, doch gesund zu sein.

Carpe diem — pflücke den Tag

20. Juni

Der heutige Tag ist zu einem so konfliktbeladenen geworden, daß ich »Carpe diem« beinahe vergessen habe.

Hinzu kommen Konflikte im Privatleben. Die Aufgebrachtheit meines liebsten Menschen beantworte ich mit negativen Emotionen. Mit Behauptungen und Rechtfertigungen verschärfe ich unsere Spannung. Ich werde mir unseres »Spieles« bewußt: Wir sind beide überfordert und erschöpft. Beide brauchen Zeit, um nach dem Arbeitstag wieder zu sich zu kommen. Weshalb verderbe ich aus innerer Distanzlosigkeit unsere geistige Oase, unsern erholsamen Feierabend? Ich freue mich täglich auf dieses kurze, aber innige Zusammensein.

Mein Erkennen der Gründe beruhigt mich, und ich kann im normalen Tonfall reden und fragen, wie er sich fühlt und wie ich mich dabei fühle.

Der Konflikt wird ruhig besprochen und löst sich daraufhin von selbst.

Es ist uns gelungen, den Abend doch noch zu »pflücken«. Wir unternehmen einen langen Spaziergang, setzen uns auf die Mauer des Lindenhofes und freuen uns über den Ausblick auf die Stadt und das Seebecken. Auf dem Rückweg informieren wir uns vor einer Litfaßsäule über Konzertdaten und freuen uns schon auf den nächsten Musikabend.

Angst vor eigener Maßlosigkeit

21. Juni

Heute ist Sommeranfang. Zur Feier des Tages flaniere ich durch den Blumen- und Gemüsemarkt und habe vor, Konzertkarten für den Abend zu besorgen.

Wie immer freue ich mich auch heute über Farben, Düfte, Formen und die Stimmung auf dem Markt. Und wie immer ist mir, als erlebte ich die ganze Pracht zum erstenmal.

In meinem Hinterkopf pocht das Gewissen.

Werde ich maßlos? Spaziere ich zu oft oder zu lange auf dem Markt herum, statt dies oder jenes zu erledigen?

Es ist Abend geworden. Feierlich gestimmt und gekleidet, sitze ich im Parkett. Der Dirigent wird vom Publikum mit großem Applaus empfangen. Ich freue mich so auf dieses Kammerkonzert! Plötzlich aber kommt mir der ausstehende Laborbefund eines Patienten in den Sinn, das Gutachten an die Krankenkasse, und schon lasse ich den bevorstehenden Arbeitstag im Detail durch den Kopf gehen. Es gelingt mir nicht, abzuschalten und loszulassen. Weder ist es mir heute morgen auf dem Markt gelungen, noch kann ich es jetzt. Dennoch gibt es Augenblicke, in denen ich abschalten kann; die Welt rundum könnte versinken, ich würde es nicht bemerken. Es geschieht, wenn ich mit meinem Partner zusammen bin oder mich allein in unberührter Natur aufhalte.

Ich ahnte den Unterschied zu heute: Es gelingt mir dann nicht, wenn ich aufgrund von Erschöpfung oder negativer Erfahrung verunsichert bin. Meine mangelnde Sicherheit läßt mich nicht darauf vertrauen, das richtige Maß im Genuß zu erkennen. Ich bilde mir ein, noch mehr leisten, noch mehr geben, noch engagierter handeln zu müssen. Manchmal verhalte ich mich zu mir wie eine lieblos nörgelnde Mutter. Meine Verständnislosigkeit für mich ist ausgerechnet in jenen Situationen am ausgeprägtesten, in denen ich erholsame Zuwendung brauchen würde.

Ich bin überzeugt, daß ich jemand anderem in der gleichen Situation beschwichtigend zureden würde. Warum gelingt es mir noch so schlecht, wenn es um mich selbst geht?

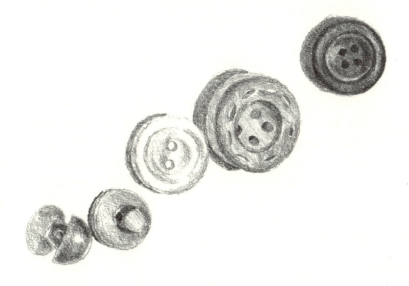

Platzangst und der Wunsch, alles in den Griff zu kriegen

22. Juni

Zu meinem Freundeskreis gehört ein erfolgreicher Geschäftsmann. Er ist immer souverän und schlagfertig. Keine Situation scheint ihn aus der Fassung zu bringen.

Ich habe mich getäuscht: Er sagt mir heute am Telefon, er leide massiv unter Platzangst, die sich früher auf Aufenthalte im Kino und in Tunnels beschränkt habe. Seit geraumer Zeit könne er nicht mehr mit dem Aufzug oder mit öffentlichen Verkehrsmitteln fahren und müsse manchmal ein Kaffeehaus fluchtartig verlassen.

Pierre gehört zu jenen Menschen, die alles im Griff haben möchten. Er verwirklicht dies meist auch, bis zu jenem Zeitpunkt, an welchem der Körper sich in irgendeiner Form weigert. Ein solcher Zeitpunkt kann zahllose Ängste zur Folge haben, und er, der über vieles bestimmt, wird rat- und hilflos.

Ich frage Pierre hartnäckig, was ihm denn tatsächlich zustoßen könne, wenn seine Angstmomente wie Schreckgespenster auftauchen. Ich gebe nicht nach, bis er seiner Angstfantasie freien Lauf läßt. Die nächste, tiefschürfendere Frage ist die, warum es für ihn lebensnotwendig sei, alles im Griff zu haben?

Ich passe mein Befinden den Äußerungen des Gesprächspartners an — wieso?

23. Juni

Das Telefongespräch mit Pierre hat lange gedauert. Nachdem wir von seiner Angst und ihren möglichen Ursachen und psychischen Funktionen geredet haben, erkundigt er sich nach meinem Befinden. Bei meiner Suche nach Antwort fällt mir auf, wie ich mich den Aussagen von Pierre anpassen will. In Sekundenschnelle überlege ich, was er von und über mich hören möchte, was ihn stören könnte und was ich besser nicht sagen soll. Wenn er sich wegen seiner Ängste als Versager und schwach fühlt, dann »darf« ich nicht von Erfolg reden. Ich sage ihm nichts Unwahres, doch unterlasse ich es, von meiner momentanen Freude zu berichten. Ich spreche von einer Schwierigkeit und halte sie dabei unter das Vergrößerungsglas, bausche sie absichtlich auf. Dies ist falsche Rücksicht und unnötige Übernahme von Verantwortung.

Ich fühle mich nach diesem Gespräch unbehaglich. Je unsicherer ich bin, desto weniger denke ich an mich, bin nur fixiert auf die Reaktion des Gesprächspartners. Das Bild, das ich in einem solchen Augenblick von mir gebe, ist verzerrt. Die Folgen sind nicht nur meine eigene Verstimmung, sondern auch verheerende Mißverständnisse innerhalb einer Beziehung. Wenn es dem Partner gutgeht, sage ich, daß es mir auch gutgehe (obwohl es schlechtgeht), denn ich will keine Schwäche zeigen. Umgekehrt, wenn es ihm schlechtgeht, darf es mir nicht gutgehen; ich halte irgend etwas Negatives unter die Lupe, um den Eindruck zu vermeiden, daß es mir »einfach« gutgehe. Oder will ich nur keinen Neid erwecken?

Einstellung ist immer zu ändern

24. Juni

Ich sitze im Bahnwagen und warte, bis der Anschlußzug abfährt. Es ist schon Nacht.

Gedankenverloren folgen meine Augen dem Herunterrinnen der Regentropfen an den Fensterscheiben. Ich bin froh, im Trockenen zu sitzen, weil meine Füße durchnäßt sind. Ich fühle mich trostlos und sinniere über meine Zukunft: nichts Faßbares, nichts Konkretes, was mich begeistern und herausfordern könnte. Die Lichter eines vorbeirasenden Zuges lassen die Regentropfen am Fenster wie Diamanten aufglitzern. Diese Beobachtung rüttelt mich aus meiner Apathie. Genauso ist es: Es kommt auf die Einstellung an. Ich kann den Regen als trostloses, lästiges Naß, als Verursacher negativer Stimmung betrachten oder mich von seinem regenbogenfarbenen Glitzern verzaubern lassen. Es regnet wohl jetzt, aber der Regen hört wieder auf, er geht vorbei.

Ich habe mich während der letzten Monate unter zu großen Leistungsdruck gesetzt. Ich habe es nicht unbewußt getan, nicht in gedankenloser Geschäftigkeit; sondern ich ahne dahinter etwas anderes. Dieser Regen löst mir das Rätsel: Durch stetiges Bemühen in allen Lebensbereichen gaukeln sich viele die Gewißheit vor, etwas ewig zu erhalten. Beruflich wollen sie nur Optimales leisten, nicht stagnieren. Sie passen ihre Erscheinung äußeren Ansprüchen an. Sie wollen Leistung und jugendliches Aussehen festhalten und übersehen, daß der Zauber des Lebens in der Vergänglichkeit besteht.

Sie vergessen, daß alles Gegenwärtige von Künftigem abgelöst wird. Es hängt nur vom einzelnen ab, ob er sich öffnet und den Mut zu Neuem aufbringt, statt Halt am Gewohnten zu suchen. Sie vergessen, daß der Regenschauer wieder nachläßt, daß auch er vergänglich ist.

Der Anschlußzug hat sich in Bewegung gesetzt. Er bringt mich zu lieben Menschen.

Das Jahr der Freude und des Vertrauens ist um.

Was die Freude betrifft: Diese Monate haben mich gelehrt, daß die Voraussetzung für Freude psychische Energie und die Bereitschaft ist, sich intensiv auf das Leben einzulassen. Es sind weniger die glücklichen äußern Umstände, die sie entstehen lassen, als vielmehr die innere Bereitschaft für Offenheit, Ehrlichkeit, Wandel und Loslassen von Absicherungen.

Was Vertrauen ist, zeigt mir das Erlebnis mit den Regentropfen am Zugfenster.

Wichtigste Voraussetzung ist: Wir dürfen das Spüren unseres Selbst nicht verlieren, den Bezug zu unseren Sinnen nie vernachlässigen.

Wir müssen uns täglich unserer Ganzheit bewußt bleiben und alle drei Ebenen — Körper, Geist und Seele — sowie unsere fünf Sinne einbeziehen. (Übung zum Thema auf Seite 174.)

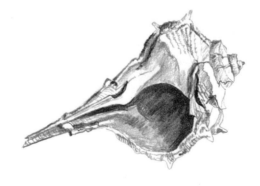

Praktische Übungen

Notfallübung

Sie fühlen sich körperlich oder seelisch an einem Abgrund. Entschließen Sie sich trotzdem, sich bequem hinzulegen oder hinzusetzen. Schließen Sie die Augen, und entspannen Sie Ihren Körper, so gut es eben geht. Kontrollieren Sie, ob das Ein- und Ausatmen mit gleichen Volumen erfolgt. Reden Sie sich Ruhe zu (nicht ein), so wie Sie es bei einem geliebten Menschen tun würden, der in Ihrer Verfassung wäre.

Polen Sie in Ihrer momentanen Verfassung gedanklich um, indem Sie sich folgendes überlegen:

Auflehnung bewirkt Angespanntheit ...

Darum habe ich Verständnis für meinen momentanen Zustand, wie ich es bei Krankheit, Schmerz oder Panik eines geliebten Menschen habe ...

Lösung, Linderung, Wachstum und Veränderung sind in Entspannung und durch innere Ruhe möglich ...

Was kann ich mir jetzt zuliebe tun (ohne den Anspruch, mich darüber freuen zu müssen)?

Nach dieser gedanklichen Umpolung suggerieren Sie sich in einem nächsten Schritt:

Ich werde mir selbst Wohlbefinden geben...
Ich helfe mir selbst...
Selbsthilfe verleiht Kraft, Unabhängigkeit und Freiheit...
Ich bleibe mir bewußt, daß das Leben fließt...
Ich weiß, daß — so unerwartet wie mein momentaner Zustand mich überfallen hat — unerwartet ein Tor ins Licht sich öffnet...

Wunschtraumübung

Entspannt in der Körperhaltung und bei gleichmäßiger, langsamer Atmung, suggerieren Sie sich:
»Ich versetze mich gefühlsmäßig in die Wirklichkeit gewordene, von mir erwünschte Situation...
Ich versetze mich in die Realität des Alltags der Situation. Setze ich mich selbst unter Druck, um den verwirklichten Seinszustand festzuhalten?...
Ich erkenne das Positive an meiner wirklichen Situation...
Ich spüre, daß ich jetzt den Verlauf mitbestimmen kann...
(Planen, aber sich nicht in Illusionen verlieren)
Dieses Mitbestimmen beruhigt mich...
Es relativiert und ermöglicht Freude im Augenblick...
Ich freue mich darüber, obwohl es anders ist, als ich es mir unrealistischerweise wünsche...«

Gesunde Selbsteinschätzung
(Körperhaltung wie zuvor beschrieben)

»Ich stelle mir eine Feriensituation vor, in der ich meinen Selbstwert spüre (Schwimmen im Meer, Wandern auf einem Bergrücken, wo ich gegen den Wind kämpfe, Verweilen in unberührter Natur usw.) ...

Ich versetze mich in die damit verbundene Stimmung ...

Ich stelle mir eine Situation im Alltag vor, in welcher mein Selbstbewußtsein nicht auf einer Äußerlichkeit (irgendeine Anerkennung) basiert, sondern Folge gesunder Selbsteinschätzung ist ...

Ich spüre, wie ich durch die Auseinandersetzung mit meinem Selbstbewußtsein freier werde, weil ich nicht mehr von Reaktionen der Umwelt abhängig bin ...

Ich spüre auch, wie ich dadurch weniger Stimmungsschwankungen ausgeliefert bin ...

Ich fühle mich stark und zuversichtlich, geborgen bei mir, wie immer ich bin ...«

Aufraffexperiment

Wagen Sie das Experiment, indem Sie sich an einem trüben, kalten, freien Tag zu einem zügigen Spaziergang aufraffen. Entschließen Sie sich nach einem intensiven Tag, der Sie innerlich zerschlagen hat, zu einem Bad, noch bevor Sie sich abgespannt in einen Sessel fallen lassen und dort wohl müde, aber angespannt verbleiben. Strecken und recken Sie sich in jedem Fall zuerst gründlich, und lassen Sie dann Arme und Schultern fallen. Kontrollieren Sie, ob die Muskeln des Nackens gelöst sind.

»... und wenn man trotzdem lacht ...«

Nehmen Sie sich vor, in der Öffentlichkeit frohe Blicke zu sammeln. Wird Ihnen dabei das Lachen vergehen? Beobachten Sie sich selbst, mit welch ernstem oder freundlichem Gesicht Sie durch die Gegend gehen. Versuchen Sie sich bewußter den frohen Möglichkeiten hinzugeben, anstatt sie aus Gedankenlosigkeit abzuwehren oder sich von üblicher Stumpfheit anstecken zu lassen. Lächeln Sie; entweder werden Sie Echo erhalten, oder Sie werden überrascht oder verständnislos angeblickt. Lassen Sie sich nicht irritieren. Lassen Sie das Lachen zu, doch überlisten Sie sich nicht.

Ganzheitsübung

I

Der erste Teil der Übung stellt den bewußten Kontakt zwischen meiner Umgebung und mir her; er soll mich daran erinnern, was ich an positiver Schwingung aufnehme und was an Negativem ich nicht an mich heranlassen sollte. Sie soll mich auch an das kollektive Unbewußte und dessen Kraft erinnern:

Vorgehen

Entspannt aufrecht auf einem Stuhl sitzen. Die Knie dürfen sich nicht berühren, die Füße stehen ganz auf dem Boden. Hände mit Innenflächen nach oben und geöffnet auf die Oberschenkel legen. Augen schließen. Langsam und tief durch die Nase einatmen — mit der Vorstellung des Auftankens von Sauerstoff bzw. guter Schwingung verbunden. Das Ausatmen erfolgt ebenso langsam und tief und ist verbunden mit der Vorstellung einer Reinigung von negativen oder zehrenden Impulsen. 12mal wiederholen.

II

Ich mache mir die verschiedenen Energieebenen (Körper, Geist, Gefühle und Intuition) bewußter. Ich spüre dabei, welche Kraft in mir entsteht, wenn ich die Harmonie dieser Ebenen regelmäßig pflege.

Vorgehen

Geistiger Kontakt zu meinen auf dem Boden stehenden Füßen (symbolische Darstellung meines rationalen Denkens beziehungsweise Realitätsbewußtseins).

Geistiger Kontakt zu meinem Herzen (symbolische Darstellung meiner Gefühle).

Geistiger Kontakt zu meinem Kopfzentrum (symbolische Darstellung intuitiver, spiritueller und kosmischer Kräfte).

Ich stelle mir vor, wie in meinem Kopf ein milchiges Licht

entsteht und sich ausdehnt, wie es durch den Scheitel ausstrahlt, wie es meinen Kopf einhüllt, an meinem Körper herunterfließt bis unter die Füße; von dort fließt es an den Beininnenseiten wieder hinauf, fließt durch das Steißbein, die Wirbelsäule entlang und durch den Nacken zurück in die Kopfmitte. Ich löse mich durch tiefes Ausatmen durch den Mund von diesem Kreislauf.

Der ganze Teil II wird drei- bis fünfmal wiederholt.

III

Nach meinem Empfinden wird die Übung mit Teil I weitergeführt, doch dabei kommt hinzu, daß bei der Ausatmung zwei für Sie selbst zutreffende Schlüsselbegriffe suggeriert werden (z.B. »Freude und Zuversicht« oder »Verständnis und Liebe«). Suggerieren Sie bei der Ausatmung, um sich dabei vorzustellen, wie sich die Begriffe ausdehnen und in Ihrem Leben mehr Raum einnehmen. (Ich habe mir während des Jahres der Freude und des Vertrauens diese beiden Worte täglich auf diese Weise vorgesprochen.)

Sinnlose Härte gegen sich selbst

Für Leute, die sich stets verurteilen, für Leute, die ihre Fehler und Schwächen zu wichtig nehmen:

Am Abend:
Gehen Sie den vergangenen Tag durch: Wann haben Sie sich hart verurteilt und dafür wohlwollendes Verständnis für andere gezeigt?

Am Morgen:
Ganzheitsübung und dabei Begriffe, die »Verständnis und Liebe« suggerieren.

Abschließend erinnern Sie sich an Menschen, die Wohlbehagen ausstrahlen und sich dieses aber auch für sich selbst zu schaffen vermögen. Übertragen Sie die wohlige Atmosphäre auf Ihre eigene Ausstrahlung.

Düfte als Wohltäter für unsere Seele

Am Anfang dieses Tagebuchs habe ich erwähnt, daß ich in diesem Jahr meinem Geruchssinn vermehrte Aufmerksamkeit schenken werde. Was ich an Düften in der freien Natur aufnehme, ist jedoch verschieden von dem, was ich selber wähle, ja, gar herstelle.

Im Raum bewähren sich die Duftlämpchen, die es in unzähligen Varianten zu kaufen gibt. In der Wärme – durch eine Rechaudkerze erzeugt – verströmt die Essenz einen zarten, unaufdringlichen Duft.

Die Duftspender – nur zur Hälfte glasierte, poröse kleine Tongefäße – geben das Parfum der Essenz langsam ab.

Auf den Duftstein träufelt man 10 bis 15 Tropfen der gewünschten Duftmischung. Nach einer Weile wiederholen.

Lassen Sie sich nicht nur von schönen Namen verzaubern — Ihre Nase entscheidet viel zuverlässiger, ob Ihnen der Duft zusagt. Interessant ist, wie sich die Mischungen zusammensetzen; dafür ein paar Beispiele:

Entspannungsmischung	(zum Loslassen und Genießen) Neroli, Kamille, Lavendel, Melisse
Meditationsmischung	Weihrauch, Myrrhe, Jasmin, Geranium, Zimt
Lichtmischung	(Sonnenbad für die Seele) Neroli, Rose, Bergamotte, Jasmin, Patchouli, Zimt
Konzentrationsmischung	(geistige Arbeit und Kreativität fördernd) Rosmarin, Basilikum, Bohnenkraut, Melisse, Muskatellersalbei, Kardamom
Atmosphärenreiniger	(neutralisiert Schwingungen im Raum) Zitrone, Nelke, Weihrauch, Orange
Blumenmischung	Tuberose, Ylang-Ylang, Veilchen, Rose
Weihnachtsmischung	(stimmungsvoller und festlicher Weihnachtsduft) Zimt, Mandarine, Kardamom, Orange
Erkältungsmischung	(zum Vorbeugen und Stärken) Eukalyptus, Myrte, Thymian, Kiefer
Weitere Mischungen	Sauna-, Insekten-, Mottenmischung

Schon seit langem benutzt man Eukalyptusöl — auf das Taschentuch geträufelt — als wirksames Beruhigungsmittel bei Erkältungen. Zarter duften die Kräuterkissen, die uns beim Einschlafen und gegen Nervosität helfen. Ein Taschentuch (groß) einmal falten und die lange sowie eine kurze Seite zusammennähen. Die ausgewählten Kräuter reichlich einfüllen und die dritte Seite schließen. Wichtig ist es hier, darauf zu achten, daß sich die Gerüche gegenseitig nicht stören, sondern ergänzen.

Der Pomander ist ein echt winterlicher Geruchsspender. Orange mit Gewürznelken spicken, dann die Orange in einer Mischung aus Ingwerpulver und pulverisiertem Benzoeharz rollen. An einem kühlen Ort einen Monat ziehen lassen, bevor man die Orange in den Wohnraum nimmt.

Mein bevorzugtes Entspannungsbad enthält folgende Zusätze: 10 Tropfen Sandelholzöl, 5 Tropfen Orangenöl mit 3 bis 4 Eßlöffel flüssigem Honig mischen und in die Badewanne geben. Warmes Wasser einfließen lassen.

Literaturhinweise

»Das Kräuterbuch für Küche, Garten, Schönheit und Gesundheit, Arabella Boxer und Philippa Back, Mosaik Verlag, München

Düfte im Haus, Penny und Black, AT-Verlag, Aarau

Die heilende Kraft der Wohlgerüche und Essenzen, Martin Henglein, Oesch Verlag, Zürich

Geheimnisse und Heilkräfte der Pflanzen, Verlag Das Beste, Stuttgart, Zürich

Aromatherapie, Jean Valnet, Heyne, München

Dufterlebnisse, Susanne Fischer-Rizzi, Hugendubel, München

Geheimnisse der Gewürze und Heilkräuter, R. Schnitzer, F.-Englisch-Verlag, Wiesbaden

Die richtige Schwingung heilt, Das große Buch für Bachblüten, Farben und andere Energien, Ingrid S. Kraaz und Wulfing von Rohr, Goldmann, München

Farbtherapie, Farben als Schlüssel zur Seele und Mittel der Heilung, Annie Wilson, Lilla Beck, Scherz Verlag, Bern.

Mein Farbenbuch, Unser Leben mit Farben, Stephanie Faber, Goldmann, München

Bücher für positive Lebensgestaltung

Gabriela Vetter

Durchbruch zum Leben

Probleme ehrlich anpacken

192 Seiten, gebunden, mit Schutzumschlag

Oft sind es nicht die großen Schicksalsschläge, die unseren Alltag erschweren, sondern die kleinen Stolpersteine wie Schuldgefühle aus falsch verstandener Verantwortung oder Selbstmitleid. Dagegen gibt es kein probates Heilmittel, außer Erfahrungen zu sammeln auf dem Weg zu einem ehrlicheren Leben sich selbst gegenüber. Mit zahlreichen Übungen und Anleitungen verhilft die Autorin zu einem neuen, lebendigen Dasein, zu einem Wohlbefinden auch im Alltag.

OESCH VERLAG
Klausstraße 10, CH-8008 Zürich

Erhältlich in Ihrer Buchhandlung.
Bitte verlangen Sie das kostenlose Gesamtverzeichnis
«Bücher für positive Lebensgestaltung»
direkt beim Verlag.

Bücher für positive Lebensgestaltung

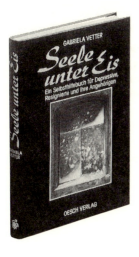

Gabriela Vetter

Seele unter Eis

Ein Selbsthilfebuch für Depressive, Resignierte und ihre Angehörigen

176 Seiten, mit zahlreichen Beispielen, Übungen und Anleitungen, gebunden, mit Schutzumschlag

»Endogen depressiv« ist auch heute noch eine Diagnose, die kaum Chancen für eine befriedigende Lebensgestaltung Betroffener offenläßt. Hoffnungslosigkeit angesichts der Krankheit ist jedoch das sicherste Mittel, vorhandene Möglichkeiten zu übersehen.

Anhand des Tagebuches der schwer depressiven Damaris zeigt die Psychologin Gabriela Vetter Wege zur Selbsthilfe, die durch zahlreiche Übungen unterstützt werden. Ein Buch, das Depressiven und ihren Angehörigen neue Hoffnungen gibt.

OESCH VERLAG
Klausstraße 10, CH-8008 Zürich

Erhältlich in Ihrer Buchhandlung.
Bitte verlangen Sie das kostenlose Gesamtverzeichnis
«Bücher für positive Lebensgestaltung»
direkt beim Verlag.